O OCIDENTE MUNDIALIZADO
CONTROVÉRSIA SOBRE A CULTURA PLANETÁRIA

Título original:
L'Occident Mondialisé.
Controverse sur la culture planétaire
© Éditions Grasset & Fasquelle, 2010.

Tradução: Luís Filipe Sarmento
Revisão: Luís Abel Ferreira
Capa: FBA
Imagem de capa: © Corbis/ VMI
Depósito Legal n.º 326621/11

Biblioteca Nacional de Portugal – Catalogação na Publicação

JUVIN, Hervé, e outro

O ocidente mundializado / Hervé Juvin, Gilles Lipovetsky. - (Extra-colecção)
ISBN 978-972-44-1636-6

I - LIPOVETSKY, Gilles, 1944-

CDU 316

Paginação, impressão e acabamento:
PENTAEDRO
para
EDIÇÕES 70, LDA.
Setembro de 2017

Direitos reservados para todos os países de língua portuguesa à excepção do Brasil

EDIÇÕES 70, Lda.
Avenida Engenheiro Arantes e Oliveira, 11 - 3.º C – 1900-221 Lisboa / Portugal
Telefs.: 213190240 – Fax: 213190249
e-mail: geral@edicoes70.pt

www.edicoes70.pt

Esta obra está protegida pela lei. Não pode ser reproduzida,
no todo ou em parte, qualquer que seja o modo utilizado,
incluindo fotocópia e xerocópia, sem prévia autorização do Editor.
Qualquer transgressão à lei dos Direitos de Autor será passível
de procedimento judicial.

GILLES LIPOVETSKY
HERVÉ JUVIN
O OCIDENTE
MUNDIALIZADO
CONTROVÉRSIA SOBRE
A CULTURA PLANETÁRIA

70

Prefácio

Um debate atinge a maturidade quando as posições mais extremas deixam de se opor frontalmente para tentar identificar o que há de convincente na argumentação contrária. Talvez tenha chegado (finalmente!) a circunstância de testemunharmos esse momento crucial no que concerne à seguinte controvérsia, a mais importante, sem dúvida, dos últimos vinte anos: a «querela da mundialização».

O início deste debate coincide com a queda do muro de Berlim e a reviravolta sobre a visão do mundo que daí decorreu. A uma representação geopolítica estruturada por duas bipolaridades – Este/Oeste e Norte//Sul – segue-se uma outra muito mais complexa, mas também virtualmente muito mais homogénea: o Este voltou-se, de repente, para Oeste e o Sul começou a emergir para Norte.

O debate geopolítico viu-se, então, profundamente alterado. Será necessário lembrar a rapidez e a intensidade com que a temática da «globalização» se propagou a partir daí no grande espaço público. Ora, de repente, a percepção desta mudança de paradigma viu-se enquadrada por duas grandes teses concorrentes, surgidas quase ao mesmo tempo nos corredores da politologia americana: a tese do «fim da história» (Francis Fukuyama, 1989) e a do «choque de civilizações» (Samuel Huntington, 1993).

O embate e o constrangimento foram tão polémicos que estas duas opções – defendidas, no entanto, por dois espíritos subtis, ponderados e informados – tornaram-se, rapidamente, em caricaturas e mesmo em *slogans*. Pouco importa, aqui, a fidelidade às teses destes autores, que se ganha sempre ao serem lidas e relidas: as fórmulas excedem-nos e fornecem os limites práticos para delimitar o que se tornaria o campo de batalha da controvérsia.

Do lado do *fim da história*, aponta-se para a constatação de um triunfo incontestável do Ocidente, ou seja, do capitalismo e da democracia dos direitos do homem, que constituem supostamente o horizonte inultrapassável do nosso tempo. A partir daqui, a história deve ler-se como a convergência, mais ou menos rápida, mais ou menos obstruída, dirigida no sentido inevitável de uma mundialização segundo os cânones ocidentais. Mais unidade, mais paz, mais prosperidade: todas as forças antagonistas, todos os resquícios de um conflito estão desde logo condenados pela marcha do progresso implacável.

Do lado do *choque de civilizações*, anuncia-se, pelo contrário, novos conflitos sob a aparente homogeneidade de um mundo pretensamente pacificado. Por detrás de uma unanimidade de fachada, um formidável renascimento das únicas verdadeiras entidades históricas que a guerra fria fez adormecer durante um curto espaço de tempo: as civilizações. Ocidente *versus* Islão, Ásia *versus* Europa: as velhas actrizes estão de regresso; e, com elas, a profecia que Oswald Spengler lançara em 1917 sobre o *declínio do Ocidente*. Depois do parêntese comunista, tudo lhe parece dar, finalmente, razão, ainda que não se invoque a sua memória: as civilizações são unidades biológicas, fechadas sobre elas próprias, com um nascimento, com uma crença e com uma morte. Entre elas, a única relação possível é a de uma luta sem misericórdia nem diálogo.

Convergência contra *choque*; postura triunfal contra a obsessão do declínio: as posições estavam colocadas no terreno e tiveram mesmo alguns efeitos geopolíticos notórios. Vinte anos depois onde é que nós estamos? Houve, certamente, o 11 de Setembro de 2001 e a crise de Setembro de 2009 para fazer lembrar que a história não tinha de todo acabado; mas nada indica, igualmente, que a globalização se asfixie. Apesar das crises e das críticas, o modo de vida ocidental, caso de liberdade, de segurança e de consumo, continua a ser desejado e, se possível, copiado, para o melhor como para o pior. Aqui, certamente, são estratégias diferenciadas de modernização que se apresentam, tentando encontrar um bom compromisso entre estas exigências, por um lado, e as tradições e as identidades, por outro. Mas, neste caso, trata-se de uma ruptura brutal, selvagem e destruidora; ou, então, uma resistência furiosa. O que desaparece? O que (re)aparece? O que se reconfigura?

Depois de vinte anos de debates e de sobressaltos, a necessidade de um tipo de balanço da «globalização» faz-se sentir. Foi o que justificou o desejo do Collège de Philosophie, em colaboração com o Eurogroup Institut, de organizar uma série de sessões de trabalho (entre Novembro de 2008 e Abril de 2009) sobre a questão dos contributos entre «cultura e mundialização».

Para a realização deste debate impunha-se a escolha dos convidados: Hervé Juvin e Gilles Lipovetsky acabavam, cada um deles, de publicar uma obra importante, que contribuía para a renovação do debate sobre a mundialização: Hervé Juvin, *La production du monde* ([1]); Gilles Lipovetsky, *La culture-monde. Réponse à une société désorientée* ([2]). Ao lê-las, pode perceber-se que as divergências entre duas grandes leituras opostas, apesar de tal ser evidente, não são assim tão frontais; abrem espaço à mudança e podem mesmo tornar fecunda a sua confrontação pela inteligência do presente. Foi o que motivou esta obra. Não estamos, sem dúvida, no fim da história desta controvérsia, mas não é, de maneira nenhuma, o choque... E este livro esforça-se por demonstrá-lo.

Pierre-Henri Tavoillot
http://collegedephilosophie.blogspot.com

---

[1] Gallimard, 2008.
[2] Em colaboração com Jean Serroy, Odile Jacob, 2008 [edição portuguesa: *A Cultura-Mundo. Resposta a Uma Sociedade Desorientada*, trad. Victor Silva, Lisboa, Edições 70, 2010].

O Reino da Hipercultura: Cosmopolitismo e Civilização Ocidental

Gilles Lipovetsky

A época que vivemos é marcada por uma forte e irresistível corrente de unificação do mundo. É designada em França com o termo mundialização e no seu exterior como globalização. Esta formidável dinâmica coincide com a conjunção de fenómenos económicos (a liberalização dos mercados num capitalismo planetarizado), de inovações tecnológicas (as novas tecnologias da informação e da comunicação), as reviravoltas geopolíticas (o desmoronamento do império soviético). Ainda que esta unidade do mundo não seja nem um fenómeno absolutamente recente (estamos numa «segunda mundialização») nem uma realidade completa, não é menos verdade que ela constitui uma mutação geral e profunda tanto na organização como na percepção do nosso universo.

Contudo, seria muito redutor imputar unicamente às realidades geopolíticas e tecno-comerciais a mundialização contemporânea ou hipermoderna que coincide também com um inédito regime de cultura, com um novo lugar e valor da cultura na sociedade. A globalização é também uma cultura. Estamos, assim, no momento em que se coloca e em que cresce desmesuradamente uma cultura de «terceiro tipo», uma espécie de hipercultura transnacional que propus chamar, com Jean Serroy, *cultura-mundo* [1].

O que significa cultura-mundo? Esta questão remete, a um nível mais imediato, para a revolução das tecnologias da informação e da comunicação, para a constituição de vastas redes mediáticas transnacionais, para o aumento das indústrias culturais que derramam um lote cada vez maior dos mesmos bens num mercado globalizado. O que não acontece sem uma expansão considerável do sector cultural, que se tornou num universo económico inteiramente à parte, funcionando com objectivos e com políticas de rentabilidade, de *marketing*, de comercialização, semelhantes aos que estão em vigor nos outros sectores da economia de mercado. Já não estamos na ordem nobre da cultura definida como via do espírito, estamos no «capitalismo cultural» em que as indústrias da cultura e da comunicação se impõem como instrumentos de crescimento e motores da economia.

Cultura-mundo, isto também quer dizer um mundo no qual as operações culturais têm um papel cada vez mais crucial no próprio mundo comercial através do *design*, da estética, dos criativos de todo o género:

---

[1] Gilles Lipovetsky e Jean Serroy, *A Cultura-Mundo*, op. cit.

a economia cultural é a das «indústrias criativas». A cultura não é somente uma super-estrutura sublime de signos, ela remodela o universo material da produção e do comércio. Em contexto idêntico, as marcas, os objectos, a moda, o turismo, o habitat, a publicidade, tudo tende a tomar um matiz cultural, estético e semió-tico. Quando a economia se torna cultura e quando o cultural penetra no comércio, chega o momento da cultura-mundo. Por esta razão, isto transcende não somente os particularismos das culturas locais mas também as antigas dicotomias que distinguiam produção e representação, criação e indústria, alta cultura e cultura comercial, imaginário e economia, vanguarda e mercado, arte e moda.

Existe, obviamente, desde a idade dos tempos, nas sociedades de tradição, um «entrincheiramento» da economia no conjunto cultural, um emaranhamento de influências recíprocas entre a base material, a organização social e o sistema de valores. Mas com a cultura-mundo, é de maneira estratégica, operacional, homogénea que esta combinação de efectua. O mundo produtivo «real» firma-se cultural ao mesmo tempo que a cultura reivindica ambições económicas.

Neste sentido, a cultura-mundo ou planetária é aquela que coloca um ponto final às «contradições culturais do capitalismo» caras a Daniel Bell. Enquanto a cultura se impõe, de facto, como um universo económico pleno e absoluto, o hedonismo de massa funciona como uma condição maior do crescimento. Não é que já não haja antinomias estruturais, mas elas aparecem menos explicativas das crises do capitalismo que as lógicas de excesso que implicam as diferentes esferas da vida colectiva. Sobreavaliações financeiras e especulativas, lucros e bónus recordes, aumento das matérias-primas, excesso do crédito de risco, liquidez mundial superabundante, aumento das dívidas públicas, mastodontes da finança, diferenças salariais excessivas, mas também consumo bulímico, urbanismo tentacular, *overdose* publicitária e comunicacional, pletora de cadeias audiovisuais e de *sites* Web, é cada vez mais o excesso, a fuga para a frente, a hipertrofia que aparecem como os princípios organizadores-desorganizadores do nosso mundo, da nossa hipercultura.

As culturas populares e tradicionais afirmam-se como singulares e locais, fragmentadas ao mesmo tempo que imóveis. A «cultura cultivada» imersa na raridade dos signos aristocráticos ou burgueses opõe-se com altivez à cultura popular. A cultura-mundo, desdobra-se no reino da universalidade cosmopolita, da mudança perpétua, do pletórico: informação, filmes, programas audiovisuais, publicidade, música, festivais, viagens, museus, imagens, exposições, obras de arte, Internet, tudo se encontra, doravante, em superabundância e de primeiríssima qualidade na cultura hipertrófica do sempre mais rápido, sempre com mais ofertas de novidades, de informação e de comunicação.

Até agora, a cultura era o que ordenava claramente as existências, o que dava sentido à vida, enquadrando-a por todo um conjunto de divindades, de regras e de valores, de sistemas simbólicos. É ao contrário desta lógica imemorial que funciona a cultura-mundo, a qual não cessa de desorganizar o nosso ser-no-mundo, as consciências e as existências. Estamos no momento em que todos os componentes da vida estão em crise, desestabilizados, privados de coordenadas estruturantes. Igreja, família, ideologias, política, relações entre os sexos, consumo, arte, educação: já não há um único domínio que escape ao processo de desterritorialização e de desorientação. A cultura-mundo ou planetária faz explodir todos os sistemas de referências, mescla as fronteiras entre «nós» e «eles», entre guerra e paz, entre o próximo e o distante, esvazia os grandes projectos colectivos do seu poder de atracção, perturba sem descanso os modos de vida e as maneiras de trabalhar, bombardeia os indivíduos com informação tão pletórica quanto caótica. Donde resulta um estado de incerteza, de uma desorientação sem igual, generalizada, quase total. As culturas tradicionais criavam um mundo «pleno» e ordenado ao proporcionar uma forte identificação com a ordem colectiva e, da mesma maneira, um segurança identitária que permitia resistir às inumeráveis dificuldades da vida. É completamente diferente na segunda modernidade em que o mundo, aliviado de enquadramentos colectivos e simbólicos, vive na insegurança identitária e psicológica. Havia uma integração e uma identificação sociais dos indivíduos que era evidente: temos, agora, uma fragilização crescente assim como uma individuação incerta e reflexiva.

As primeiras figuras da cultura-mundo não datam, obviamente, de hoje, a ideia de cosmopolitismo é um dos mais antigos valores inventados pela civilização ocidental religiosa e filosófica. Mas o que se desenvolve hoje em dia é de uma outra natureza. Já não se trata de um mundo universal humanista e abstracto carregado de um ideal moral e político (o Iluminismo e os seus objectivos de emancipação do género humano), já não se trata do internacionalismo proletário e da sua ambição revolucionária, mas de um universalismo concreto e social, complexo e multidimensional, feito de realidades estruturais que se cruzam, que interagem, que se contrariam. O *mercado, o consumismo, a tecnociência, a individualização, as indústrias culturais e de comunicação* constituem os princípios organizadores de fundo. A combinação destes cinco dispositivos tão fundamentais quanto heterogéneos constrói o modelo ideal-típico da cultura-mundo. São muitas as lógicas estruturais que trabalham para difundir em todo o planeta uma cultura comum, objectivos e modos de consumo similares, normas e conteúdos universais, esquemas de pensamento e de acção sem fronteiras. Mesmo que o globo esteja muito longe de ser unificado e, sem qualquer dúvida, nunca o será, é inegável que é atravessado e amplamente remodelado por estes dispositivos criadores de uma cultura transnacional multipolar.

Mas há mais. Cultura-mundo significa, num plano mais antropológico, uma nova relação vivida com a distância, uma intensificação da consciência do mundo como fenómeno planetário, como totalidade e unidade. Neste sentido, a mundialização é uma nova realidade objectiva na história e, ao mesmo tempo, uma realidade cultural, um facto de consciência, de percepção e de emoção. As novas tecnologias, os *mass media*, a Internet, a velocidade dos transportes, as catástrofes ecológicas, o fim da guerra-fria e do império soviético, tudo isto provocou não somente «a unidade» do mundo, mas também a consciência dele, de novas maneiras de ver, de viver e de pensar. Agora, o que se produz no outro lado do globo suscita no lugar onde estamos reflexões e medos, ódios e correntes de empatia. A cultura-mundo coincide, neste sentido, com «a compressão do tempo e do espaço» (²), com a erosão das fronteiras, uma nova experiência da relação entre o aqui e o exterior, o nacional e o internacional, o próximo e o distante, o local e o global. O espaço é, de certa maneira, reduzido e o tempo acelerado, entrámos na era do espaço-tempo mundial, do ciber-tempo global, mas que não significa em nenhum caso, digamo-lo já, a dissolução das distâncias culturais.

Com o desenvolvimento dos *media* e do ciberespaço, existe a possibilidade de ser informado sobre tudo o que se passa em qualquer lugar, os recantos mais isolados estão ligados ao global. Cada vez mais os homens têm a experiência de um mundo único no qual as interdependências, interconexões e interacções se vão amplificando. Obviamente, a grande maioria não se assemelha às elites do *jet-set* que partilham os mesmos hábitos, compram as mesmas marcas de luxo, sentem-se em sua casa, onde quer que estejam, mesmo nas grandes cadeias de hotéis internacionais. Contudo, paralelamente a este «cosmopolitismo de aeroporto», afirma-se a experiência quotidiana de um mundo mundializado através das ameaças ecológicas, da difusão «aerotransportada» das epidemias de vírus, dos imperativos universais do mercado, das crises financeiras, das migrações e diásporas, das acções terroristas, dos grandes acontecimentos mundiais (Jogos Olímpicos, Campeonato Mundial de Futebol, a morte

---

(²) Reconhecemos a fórmula, agora clássica, de David Harvey, *The Condition of Postmodernity*, Blackwell, 1990.

de Michael Jackson): são inúmeros os fenómenos que não conhecem fronteiras e são entendidos como tais. Donde a cultura-mundo favorece as novas formas de vida transnacional e o sentimento crescente de se viver num mesmo mundo globalizado.

A cultura-mundo consagra, enfim, duas grandes ideologias ou correntes de pensamento de essência cosmopolita: a ecologia e os direitos do homem. Por um lado, este período vê multiplicar-se as declarações, as legis--lações, os comprometimentos internacionais a favor da protecção do ambiente e do desenvolvimento duradoiro. Ao produtivismo cego opõe-se, agora, o imperativo de uma *tecnologização* reflexiva e ecologia, devendo ter em conta a dimensão do planeta como um todo, em nome da humanidade e do seu futuro. Por outro, a ideologia universalista dos direitos do homem impõe-se como valor central, ao contrário da primeira modernidade em que permaneciam numa posição subalterna em relação aos valores nacionais ou revolucionários. Esta consagração exprime-se nomeadamente na subida em força dos movimentos humanitários e das ONG transnacionais cujas intervenções e capacidades de acção não param de aumentar. Estas organizações de dimensões internacionais, que defendem as causas humanitárias e que ignoram os limites das nações, ilustram a face altruísta e desinteressada da cultura-mundo universalista.

A cultura-mundo, como se viu, levanta as questões da nova configuração do espaço-tempo, da universalização do capitalismo, dos valores consumistas, da consagração dos direitos do indivíduo e da ecologia. Mas ela coloca igualmente o problema delicado do destino cultural do nosso globo e, para o dizer mais directamente, do que se chama, por vezes, a ocidentalização do mundo. A cultura-mundo significará a uniformização planetária sob a égide dos princípios e valores do Ocidente ou, então, a «reinvenção da diferença» cultural num mundo que se tornou tecno-comercial? Por um lado, brande-se com o espectro do imperialismo ocidental-americano e o fim da história como triunfo final dos valores liberais; por outro, regista-se a reabilitação e a acentuação da etnicidade, dos conflitos e dos particularismos identitários. Donde a questão de saber se a modernização do último período quer dizer convergência de culturas e das nações ou, então, «choque» de civilizações.

Estas questões têm tanto mais relevo como as duas novidades de fundo lançam um imenso desafio às ambições da civilização ocidental. Em primeiro lugar, a crise do ambiente e do aquecimento do clima levam alguns a afirmar a impossível generalização do modo de vida ocidental sustentado no produtivismo e no consumismo desenfreados. Em segundo lugar, a segunda mundialização vai a par e passo com a crítica do etnocentrismo, com o recuo da hegemonia ocidental e com a etnicização interior das suas nações, mas também com o descrédito dos seus valores e com a denúncia das suas agressões económicas e culturais. Nestas formas extremas, a crítica da arrogância imperialista coloca a universalismo das Luzes como um simples particularismo ocidental. É neste novo contexto internacional policêntrico onde floresce a ideia de «modernidades múltiplas», de outras modernidades para além das ocidentais. Mas como entender exactamente estas problemáticas?

Trata-se de sustentar que a modernidade se concretiza, de facto, de maneiras diversas através do direito, da organização económica, das culturas políticas nacionais, a tese das modernidades múltiplas é pouco contestável. O universalismo moderno, com efeito, nunca deixou de dar lugar, incluindo aqui os países europeus, aos dispositivos particulares em função das diferentes culturas e histórias. E isto, nos nossos dias, acentua-se manifestamente devido à ampla modernização de culturas não ocidentais. Se isso quer dizer que existem modernidades que escapam aos princípios estruturantes do mundo ocidental moderno, a tese é eminentemente discutível, na medida em que dá um peso excessivo aos factores políticos, culturais e religiosos, ao mesmo tempo que subestima o de outras organizações pesadas (economia, ciência, técnica, educação, individualização). A verdade é que o processo de modernização viabiliza por todo o lado as mesmas vias estruturais. É por esta razão que parece mais apropriado falar de «variedades da modernidade» do que «modernidades múltiplas» ([3]). Se a ocidentalização à moda antiga (o colonialismo) já acabou, o mesmo não se pode dizer do seu «projecto» histórico fundamental e dos dispositivos centrais universalistas que o incorporam. Será que é a globalização que coloca um fim à dinâmica ocidental criadora da modernidade ao «provincializá-la»? O texto que se segue não partilha deste ponto de vista: ao contrário da reactivação das identidades particulares, é menos uma «modernidade mestiça» que se anuncia do que

---

[3] Cf. Shmuel Eisenstadt, «Multiple Modernities», *Daedalus*, vol. 129 (I), 2000 e a sua crítica por Volker Schmidt, «Multiple modernities or varieties of modernity?», *Current Sociology*, vol. 54 (I), 2006.

uma hipermodernidade mundial, uma modernização hiperbólica, embora reformatada pelas exigências identitárias e ecológicas. Nesta perspectiva, sejam quais forem as crispações actuais das idiossincrasias culturais e o jogo cruzado de influências, não serão suficientes para travar o movimento de convergência planetária e a difusão das instituições e o processo universal de uma mesma modernidade. Esta convergência progressiva das sociedades não é similar àquelas.

O mercado como cultura global

A cultura-mundo designa o momento em que o capitalismo se propagou por todo o mundo, em que o mercado se planetarizou, em que todas as nações se comprometeram na via das privatizações e dos desregulações económico-financeiras. O capitalismo que fez o seu «aparecimento na civilização ocidental e unicamente nela» (Max Weber) universalizou-se. Reina, agora, por todo o lado o sistema do capitalismo globalizado e financiarizado, um hipercapitalismo desenfreado do qual todos nós pagamos, hoje, cruelmente o preço. Certamente, a crise mundial que atravessamos e que volta a dar ao Estado um papel económico de primeiro plano provocará novas medidas de regulamentação, ao ponto de alguns terem anunciado uma inevitável ruptura com o paradigma do «turbo-capitalismo» excessivo e caótico. Contudo, não concluamos rapidamente a morte do hipercapitalismo, o mercado não tem, de facto, desde o desaparecimento do bloco de Leste, e pela primeira vez na sua história, uma verdadeira alternativa, um modelo de substituição credível. O nosso tempo está, certamente, à espera de um novo equilíbrio entre o Estado e o mercado, de uma governação política da mundialização, de mais prudência e de equilíbrio na esfera financeira, de um modo de desenvolvimento que respeite o ambiente: está longe de ser certo, contudo, que tudo isto coloque um fim ao desbragamento da competição entre empresas, à febre especulativa, à «exuberância irracional dos mercados» ([4]).

E ainda mais. O triunfo do mercado não é, com efeito, unicamente económico, é cultural, tornando-se no esquema estruturante da maioria das nossas organizações, no modelo geral das actividades e da vida em sociedade. Conquistou o imaginário colectivo e individual, os modos de pensar, os objectivos da existência, a relação com a cultura, com o desporto, com a arte, com a educação. Depois de muito tempo, o capitalismo criou uma cultura, ou seja, um sistema de normas e de valores, ainda que circunscrito, travado e enquadrado por todo um conjunto de dispositivos (a Igreja, o Socialismo, o Estado Republicano, a Nação, a Arte, a Escola, as culturas de classe) impedindo a legitimação universal e global do mercado, o advento de uma sociedade de mercado. Isto mudou: mesmo que as instituições perdurem, já não terão sucesso em funcionar como contra-poderes efectivos à ordem hegemónica do mercado. Isto surge, agora, como uma das «significações imaginárias centrais» do mundo contemporâneo (Castoriadis) e impõe-se como uma cultura global sem fronteiras,

---

[4] Até ao momento, nenhuma reforma de fundo da regulamentação bancária, capaz de prevenir as decisões de risco não consideradas e as derivas do capitalismo financeiro, foi dada a conhecer.

um sistema de referência dominante, uma nova maneira geral para o homem e para a sociedade de se viver, de se ver, de se projectar, de agir. Tudo, no presente, se pensa em termos de competição e de mercado ([5]), de rentabilidade e de desempenho, de maximização dos resultados ao melhor custo, de eficácia e de benefícios. É pela universalização deste modelo imaginário-social que o hipercapitalismo aparece, paralelamente à sua planetarização, como uma cultura-mundo.

Diferentes teóricos aprofundam a tese segundo a qual o desenvolvimento da sociedade de mercado significa a destruição de sistemas simbólicos em benefício de uma única lógica gestionária e do indivíduo calculista. Uma nova era «niilista» começa e será marcada pela dissolução da componente cultural do mundo, por uma dinâmica estritamente sustentada no desempenho vazio de ideais, de projectos e de valores humanistas. Restará apenas o culto do dinheiro, a obsessão da competitividade pela competitividade, sem nenhuma resposta ao «porquê». Danificação da simbolização? Pode-se certamente deplorar o «totalitarismo» económico contemporâneo: a verdade é que o fenómeno é menos sinónimo de fim do simbólico do que advento de uma nova ordem simbólica com uma característica que é única e mundial. Não se trata de uma *descivilização* ou *descultura* mas de uma outra cultura: uma cultura-mundo que, por sua vez, produz significações culturais, normas, mitos. Já não é a religião nem os sistemas de parentesco que são as instâncias da produção

---

[5] No momento da classificação mundial de Xangai, são as próprias universidades que são tomadas na ordem da competição internacional.

simbólica: é o mercado que não se pode trazer para um sistema neutro de troca económica. Como escreveu Marshall Sahlins, «o carácter único da sociedade burguesa consiste não no facto de que o sistema económico escape à determinação simbólica, mas no que o simbolismo económico é estruturalmente determinante» [6].

A cultura do negócio triunfa por todo o lado, exibindo-se nos *media*, magnetizando desejos e aspirações. Quando reina a cultura-mundo do hipercapitalismo, ter sucesso é ganhar dinheiro, tornar-se célebre, ser um *winner*: é por isso que os homens políticos já não são modelos, uma vez que são destronados pelas divas dos *success stories*. Os valores anti-económicos, os contrapesos no reino do mercado entram em colapso em grande velocidade. As esquerdas de poder converteram-se largamente aos princípios do liberalismo económico mundializado. As empresas de serviço público são geridas segundo métodos e critérios provenientes do sector privado. A escola já não apresenta por missão superior inculcar valores morais, republicanos e patrióticos: ela funciona como um serviço prestado aos consumidores exigentes e críticos que arbitram entre escola privada e escola pública. As humanidades já não atraem as elites: as grandes escolas de comércio assumiram esse lugar. O luxo está na moda, o dinheiro, as fortunas e as transacções comerciais propagam-se sem complexos até mesmo no desporto. A era hipermoderna celebra, assim, o casamento do dinheiro e do desporto, o qual tende a tornar-se plenamente

---

[6] Marshall Sahlins, *Au cœur des sociétés. Raison utilitaire et raison culturelle*, Gallimard, 1976, p. 262.

um sector económico: o negócio do desporto destronou o tradicional ideal do desporto desinteressado.

É com a queda do império soviético que a cultura-mundo, sob o signo de um liberalismo planetário sem fronteiras, começa a voar. Ora, não foi «naturalmente» nem de maneira fortuita que triunfou. Construiu-se como um projecto normativo, uma ideologia planetária, uma revolução encarregue de levar ao mundo o crescimento, a paz, o bem-estar através das virtudes do mercado e da concorrência libertas dos constrangimentos regulamentares. Em ruptura com as políticas keynesianas, os Estados e as grandes instituições económicas internacionais esforçaram-se por fazer triunfar as políticas de privatização, de liberalização de mercados, de desmantelamento das medidas proteccionistas em todo o mundo, incluindo também os países em vias de desenvolvimento. Por esta razão, o capitalismo globalizado não é somente um fenómeno económico sustentado numa abordagem «racional» é também um fenómeno cultural surgido de um projecto ideológico, de uma visão do mundo, de um mito – a auto-regulação do mercado, maximização dos lucros de todos os agentes económicos – de uma crença cujas ideias-força foram aplicadas por todo o lado indistintamente sem levar em conta as especificidades nacionais.

Mas o que devia libertar a sociedade dos seus antigos entraves criou uma economia que escapou largamente ao controlo dos homens, uma economia incontrolável e caótica na qual as margens de manobra do Estado se encontram cada vez mais reduzidas, submetido como está aos constrangimentos da competição internacional. A cultura-mundo promete um culto à liberdade e à responsabilidade dos actores económicos, mas o mundo que organiza funciona como um sistema anónimo dotado de uma necessidade implacável quanto mais se exerce a hegemonia de critérios de rentabilidade e de desempenho económico. Paralelamente, a cultura-mundo devia ser o instrumento da prosperidade: provocou desigualdades extremas, um desemprego em massa, a desclassificação profissional. O cosmopolitismo clássico era uma questão de consciência, de escolha ideológica, de voluntarismo ético e político: veiculava uma ideologia de emancipação. Já não é assim com a cultura-mundo do hipercapitalismo que aparece como uma ameaça, qualquer coisa que se sofre da mesma maneira que uma fatalidade, um constrangimento ditando os imperativos de adaptação e de flexibilidade, de competitividade e de modernização para não se ser eliminado da arena mundial: é necessário «mundializar--se» ou, então, desaparecer. Já ninguém pode escapar: passámos de um cosmopolitismo livre e voluntário a um cosmopolitismo inelutável finalizado com o objectivo de uma sobrevivência económica. Já não há um comprometimento livre do cidadão do mundo, mas uma «mundialização sob constrangimento».

Foi precisamente quando os grandes problemas económicos do mundo escaparam ao poder dos Estados--nação que se afirmou a temática da «governação cosmopolita». Donde a justa observação de Pierre Hassner: «Quanto mais o mundo surge como ingovernável e irresponsável, mais as noções de governação e de responsabilidade aparecem como receita» [7]. Portanto,

---

[7] «De la crise d'une discipline à celle d'une époque», *in* Marie--Claude Smouts, *Les nouvelles relations internationales. Pratiques et théories*, Presses de Sciences-Po, 1999, p. 377.

a questão que se coloca é a de saber em que medida, na sequência do desastre iniciado pela excrescência do crédito ao consumo, a cultura-mundo será capaz de sair deste estado de ingovernabilidade sistemática tendo em conta o domínio descentrado dos mercados. Que figura da cultura-mundo está em via de se construir quando se exprime a imperiosa necessidade de regular, de «refundar», de «moralizar» a mundialização? Neste momento, é significativo notar que esta grande crise da era da mundialização é acompanhada pela rejeição do proteccionismo e do nacionalismo económico: o que é visado é a instauração à escala mundial de novas regras capazes de moderar o capitalismo, de restabelecer a confiança, de assegurar a estabilidade bancária, de promover a integridade dos mercados financeiros, de reformar as instituições financeiras internacionais. O regresso a uma economia estatizada e à planificação centralizada não está em lado nenhum na ordem do dia: se bem que a crise da cultura-mundo liberal assinale num certo sentido o seu triunfo na medida em que nenhum grande Estado reivindica a sua erradicação. Torna-se necessário salvar a cultura-mundo contra ela própria ao estabelecer novas regras assegurando o seu desenvolvimento duradoiro. O imperativo é regular a mundialização, mas isto não quer dizer governar o curso do mundo dominando de fio a pavio a economia globalizada: somente impedir a sua autodestruição suicidária ao elevar diques capazes de esconjurar as suas loucuras, a sua hipertrofia financeira, as suas sobrevalorizações especulativas. Nestas condições, a cultura-mundo liberal, com a sua força não controlável dos mercados, com a sua dinâmica de rentabilidade pela rentabilidade, de competição sem fim ao impor-se irresistivelmente às vontades individuais, não está, de modo algum, no fim do seu caminho.

Art business

O universo da arte contemporânea ilustra igualmente de maneira gritante o triunfo da cultura-mundo, de um mundo e de uma cultura que se tornaram mercado. Desde Andy Wahrol, pelo menos, que não hesitou em se proclamar como um *business artist*, que o modelo do artista rebelde que rejeita as normas do mundo burguês pertence ao passado. O tempo já não é o de ir em busca da glória imortal, mas o do reconhecimento imediato, em busca da celebridade mediática e do sucesso comercial. A ambição revolucionária deu lugar às estratégias de promoção, à vedetização dos jovens artistas: agora, eles não colocam nenhuma reticência à utilização dos métodos de *marketing* para criar a sua imagem, a trabalharem para as empresas e para a publicidade num mundo em que as fronteiras da arte e da moda, da vanguarda e do comercial se diluem cada vez mais.

Finalizada a cultura «sacrificial» das vanguardas e o seu ódio aos valores estabelecidos: o ideal é aparecer nos *media*, estar exposto nas feiras e bienais por todo o mundo, figurar no *Kunst Kompass*(*). O valor de uma obra já não é fundamentalmente conferido pela gratuidade da sua estética ou pela sua radicalidade: é

(*) Tabela de notoriedade de artistas de todo o mundo, publicada anualmente pela revista *Capital* na Alemanha. (*N.T.*)

o mercado, agora, que faz o artista. Além disso, é o preço de mercado das obras que os *media* destacam sistematicamente, o que se tornou num acontecimento, uma explosão sensacionalista, um sinal de glória da mesma maneira que os recordes de receitas astronómicas realizadas pelos *blockbusters*. É assim que, na imprensa, Damien Hirst é menos apresentado como um criador de um estilo do que como «o artista vivo mais caro do mundo». Enquanto as obras contemporâneas – cujos preços se aproximam, por vezes, das grandes obras consagradas pelo tempo – se impõem como produtos de investimento e de operações de especulação; vimos, em 2008, Damien Hirst vender em leilões 223 das suas obras recentes saídas directamente do seu *atelier*, sem passar pelo intermediário de uma galeria. Depois da arte subversiva, temos a arte negócio.

É neste quadro que uma nova etapa da internacionalização do mercado da arte foi cruzada. A um sistema «artesanal» e nacional substitui-se por um mercado global centrado num duopólio de sociedades de vendas às casas leiloeiras (Christie's e Sotheby's) presentes em todo o mundo, na multiplicação de feiras e de bienais internacionais, alguns mega-coleccionadores, um pequeno número de galerias *leaders*. Marcado pela multiplicação de transacções, pelos investimentos massivos, pela subida dos preços, pelas apostas financeiras, o mercado de arte contemporânea apresenta-se cada vez mais sob os efeitos de um mercado especulativo mundial cuja expansão não tem precedentes: o mercado mundial de arte passou de 27,7 mil milhões de euros em 2002 para 43,3 em 2006. Este mercado tem como epicentro Nova Iorque, mas a arte moderna e contemporânea vende-se cada vez mais na China, na Índia, na Indonésia, no Dubai. Enquanto as multinacionais de vendas leiloeiras organizam vendas de arte russa, chinesa, indiana, os asiáticos intervêm massivamente no mercado, adquirindo obras chinesas contemporâneas, mas também Rothko ou Wahrol. Já neste momento, o mercado de arte chinesa ocupa o terceiro lugar a nível mundial atrás de Nova Iorque e de Londres. Em 2007, a parte chinesa representava 24% do mercado de arte contemporânea e, entre os 25 artistas mais cotados no mundo, metade eram chineses: em 2008, Zhang Xiaogang foi colocado em segundo lugar antes de Jeff Koons.

A internacionalização hipermoderna da arte assenta igualmente em decisores institucionais cosmopolitas (especialistas de casas de venda às leiloeiras, comissários de exposições, conservadores de grandes museus) e de galerias em rede que se unem para *vedetizar* jovens artistas através de verdadeiras estratégias de comunicação e de *marketing* com o objectivo de fazer subir os preços. O *star-system*, com as suas glórias e as suas cotações internacionais, infiltrou-se também no mundo da arte: estamos num momento em que as revistas publicam a lista dos 100 artistas internacionais contemporâneos mais cotados. Agora, para ser «reconhecido» é necessário estar integrado nas redes do mercado internacional: fora desta escala, não há salvação. Ao conceder o estatuto de estrela a um número muito limitado de artistas, a arte internacional hipermoderna não escapa aos efeitos da moda assim como a uma nova forma de academismo: enquanto a maioria dos artistas é marginalizada, são sempre os mesmos nomes que estão sob os holofotes mediáticos e expostos nos grandes museus de arte contemporânea mundiais. As marcas comerciais não são as únicas a ilustrar o triunfo da cultura-mundo do negócio, da imagem e das celebridades: a própria arte participa deste universo, uma arte cada vez mais próxima de uma indústria de luxo consagrada à era do dinheiro-rei com os seus excessos e os seus fenómenos de moda, os seus super lucros e a sua artificialidade.

Se a mundialização da arte está marcada por uma forte concentração do mercado, ela está igualmente marcada por uma diversificação cultural da oferta que se abre aos artistas não-ocidentais. A Europa e a América deixaram de ter o monopólio da criação contemporânea, o Ocidente já não é o único a atribuir as cotações e os reconhecimentos artísticos. Agora, um certo número de obras de artistas orientais contemporâneos atinge preços astronómicos e são expostas nos grandes museus e bienais de todo o mundo. Artistas que, libertos dos primeiros constrangimentos vanguardistas, revisitam o seu passado cultural e encontram a sua inspiração no diálogo entre modernidade e tradição não-ocidental. Contudo, enganar-nos-íamos ao interpretar este multiculturalismo como um recuo do regime artístico característico do Ocidente moderno e contemporâneo. Muito pelo contrário, a sua universalização planetária está em marcha, todos os artistas do mundo jogam, agora, o mesmo jogo da arte «moderna» com os seus imperativos comerciais e mediáticos, os seus critérios de autenticidade, de originalidade e de renovação, as suas operações de licitação, de experimentação e de «indefinição». A cultura da mestiçagem é uma das componentes da arte na hora da cultura-mundo: ainda assim, é menos dinâmica a hibridação que lhe fornece a sua «lei» e o seu lugar na sociedade do que o *ethos* modernista, individualista, mediático e comercial, levado pelo mundo ocidental desencantado. Os conteúdos podem orientalizar-se ou africanizar-se, a forma, as problemáticas estéticas, a articulação com a sociedade e com a economia de mercado coam-se no regime *hiper*, nas estruturas legadas pela modernidade do Ocidente.

Obviamente, as relações do mundo da arte e do mundo económico não têm nada de novo. Mas uma nova etapa foi ultrapassada, a cumplicidade entre arte e dinheiro é, na cultura-mundo, total, estimulada ao extremo. O universo moderno da cultura, desde o século XIX, construiu-se em volta da grande oposição entre alta cultura e cultura de massas, cultura pura e cultura comercial, arte e mercado. De um lado, uma cultura que assenta na temporalidade curta dos produtos, o *marketing* e, portanto, uma cultura regida pelas leis gerais da economia; do outro, a arte e a literatura de vanguarda que obedecem a lógicas adversas, a um tipo de processo anti-económico (valorização do desinteresse, desprezo e recusa do comercial). É esta dicotomia radical que se esfuma aos nossos olhos numa constelação de financiamento, de *marketing* e de comercialização generalizada. Presentemente, a parte «romântica» da arte, a que se afirma como autónoma e antagónica com os valores económicos, dilui-se: o universo da cultura deixou de ser um anti-mundo, um mundo à parte, um «império dentro de um império». Evidencia-se globalmente estruturada pelas próprias leis que organizam o sistema mediático e económico dominante.

Isto é válido não somente para os artistas e para as galerias, mas também para os museus que devem, doravante, ser geridos como empresas, atraindo em massa os «clientes», meter em marcha as várias etapas do *marketing* e das operações de comunicação. Depois da utopia cultural, o museu como empresa cultural que casa lógica artística e lógica gestionária, que adopta os métodos em vigor nas empresas com fins lucrativos. No sentido de aumentar os seus próprios recursos, os museus integram em si restaurantes, livrarias e lojas, comercializando produtos derivados, alugam os seus espaços a empresas privadas para jantares de gala ou para a rodagem de filmes, criam sítios na Internet com vocação comercial, desenvolvem políticas internacionais de «expansão cultural», criando novos serviços culturais (concertos, cinematecas, viagens culturais, espectáculos ao vivo, festivais). Investem no cinema: o Louvre vai co--produzir três filmes de ficção. Já não contamos com as exposições que são organizadas em função de exigências de resultados financeiros e de retorno do investimento.

Enquanto se desenvolve o negócio museológico, trata-se para os museus de obter repercussões turísticas importantes, de contribuir para o desenvolvimento urbano, de permitir a reconversão de regiões industriais (Bilbau e o Museu de Guggenheim de Frank Gehry), de estimular o turismo cultural que já representa em França mais de 10% do sector. Donde a multiplicação de museus nas grandes e médias cidades, uma tipo de excrescência de museus típica da cultura *hiper* de mercado, da imagem, do consumo cultural. No sentido de intensificar os fluxos de turismo e de promover a imagem das cidades, os novos museus são frequentemente concebidos como «atracções arquitectónicas» assinadas por estrelas internacionais (Zaha Hadid, Rem Koolhaas, Christian de Port-zamparc, Jean Nouvel...), os museus-espectáculo em que a arquitectura é o acontecimento principal e conta mais do que as obras apresentadas. No momento da hipercultura comercial, o desenvolvimento económico-turístico impõe-se como uma das grandes missões atribuídas aos museus.

E nós estamos apenas no início deste processo de comercialização da cultura. Em 2008, o Museu Picasso alugou 195 das obras do mestre apresentadas no centro do Emirates Palace d'Abu Dhabi: uma exposição que rendeu qualquer coisa como 15 milhões de euros e que permitiu financiar o estaleiro de restauração do museu parisiense. A que se acrescenta o projecto de criar museus internacionais franqueados, multinacionais de arte que têm como modelo as grandes firmas. Assim, o museu de Bilbau é um museu patenteado que cultiva a marca Guggenheim. O museu do Ermitage de São Petersburgo, em parceria com a fundação Guggenheim, abriu, em 2001, um museu concebido por Koolhaas num hotel-casino de Las Vegas onde são apresentadas obras provenientes de colecções de dois museus; e o célebre museu acaba, agora, de inaugurar uma sucursal de 9000 metros quadrados em Amesterdão. Em 2012 abrirá uma sucursal do Louvre em Abu Dhabi: o projecto deverá render a França cerca de mil milhões de dólares em troca da utilização do nome do Louvre, da organização de exposições, de empréstimos de obras. Eis que chegou o tempo das políticas de licenciamento, dos museus satélite, do museu que funciona como uma marca que se vende, que se compra, que se exporta. O mundo da grande arte afirmava-se como um outro mundo, com outras leis, com outras normas, em conflito com o universo mercantilista: tornou-se, agora, um dos continentes do mundo hipercomercial globalizado.

O *planeta-consumo*

Se é necessário falar de cultura-mundo é também porque se propaga uma cultura sem fronteiras que não é outra do que a do consumo comercial excessivo. Uma cultura de hiperconsumo, sustentada por uma economia pós-fordiana cujos grandes vectores são: a multiplicação de gamas e opções, a hipersegmentação dos mercados, a aceleração do ritmo de lançamento de novos produtos, a proliferação da variedade, a excrescência do *marketing*. Eis uma nova economia de consumo que funciona à *hiper* em todas as coisas: sempre mais gigantesca (hipermercados e centros comerciais), sempre mais rápida (comércio *on line*), sempre mais facilidade de créditos e de endividamentos das famílias [8] (com os resultados calamitosos que se conhecem; a recessão mundial que atravessamos foi desencadeada a partir da crise dos *subprimes*), sempre mais marcas de gama alta, de gastos de luxo [9] e mais genericamente de objectos, moda, viagens, música, jogos, parques temáticos, mas

---

[8] Entre 2001 e 2006, a taxa de endividamento das famílias americanas passou de 100% a 120% do rendimento disponível anual. Estima-se que o endividamento total líquido das famílias americanas é actualmente da ordem dos 110% do PIB.

[9] O número de negócios, a nível mundial, de luxo foi dos 90 mil milhões de euros em 2000 para os 170 ou 180 mil milhões de euros em 2008.

também de comunicação, imagem, obras de arte, filmes, séries de televisão.

Consome-se cada vez mais serviços; consome-se por todo o lado, nos hipermercados e nas galerias comerciais, nos cinemas, nas estações de comboios, nos aeroportos, nos corredores do metro; consome-se cada vez mais o domingo, a tarde, a noite, em qualquer hora e em qualquer lugar: uma dinâmica levada ao seu extremo com a revolução do cibercomércio. Enquanto as festas de significação religiosa se metamorfoseiam em festivais de compras, em espécies de bacanais de consumo, todos os antigos limites espácio-temporais tendem a desaparecer. Estamos num momento em que a maioria das nossas trocas se tornam tarifadas, em que as nossas experiências se encontram implicadas numa relação comercial. Estende-se por todo o lado o reino da escolha individual, o império das marcas e das solicitações comerciais; o momento é o da comercialização quase integral não somente dos objectos, mas também da cultura, da arte, do tempo, da comunicação, da procriação, da vida e da morte. O capitalismo do hiperconsumo assinala-se por esta excrescência da esfera comercial que é acompanhada por uma formidável expansão da lógica consumista de escolha individual presente, agora, em todos os domínios da vida.

Terminado, nas nossas regiões, o capitalismo de produção, a hora é a do capitalismo do hiperconsumo, no qual são as despesas com o consumo das famílias que se tornam o primeiro motor do crescimento: elas representavam, em 2008, 71% do PIB americano. Obviamente, o planeta não vive ao ritmo do consumo excessivo: muito longe disso, a maioria da população do globo vive com menos de dois euros por dia ([10]). Em 2030, a diferença do nível de vida entre a Índia e os Estados Unidos da América será ainda de 1 para 10, de 1 para 5 na China, de 1 para 6 no Brasil. Mas, agora mesmo, por todo o lado, as classes médias percebem que têm um modo de vida consumista com gastos discricionários. Presentemente, na Índia, a classe média com meios para comprar um grande número de bens duráveis diz respeito a 150 milhões de pessoas; na China avalia-se em mais de 100 milhões de pessoas: segundo o gabinete Mckinsey, estes números poderão ser multiplicados por cinco daqui até 2025.

Seja como for, a abundância consumista ocidental representa um sonho para a quase totalidade dos homens, ela aparece como uma aspiração generalizada, um modelo de vida de vocação universal. Nos nossos países, mesmo nos mais pobres, que interiorizaram, agora, os valores consumistas, tornaram-se tipos de hiperconsumidores, particularmente de imagens e dos *media*. Obviamente, no mundo da pós-crise que se anuncia, os Estados Unidos deverão reaprender a poupar, mas a China, para tomar apenas este exemplo, deverá mais cedo ou mais tarde, no sentido de ser menos tributária das vicissitudes do mercado mundial, estimular a sua procura interior e construir por sua vez um capitalismo de consumo.

Tendo em conta a *standardização* crescente dos modos de vida e da mundialização do consumo, François Jullien contesta a ideia de que a cultura-mundo

---

([10]) Em dois mil milhões e meio de habitantes que têm a China e a Índia, mais de 50% vive com menos de dois dólares por dia.

comercial surja do universal, na medida em que a sua racionalidade assenta não sobre o dever-ser e numa necessidade de princípio, mas na lógica unicamente económica. «Pseudo-universalidade», o universo do consumo apenas trará o reino da uniformidade, da similaridade, do estereótipo à dimensão planetária sem se apoiar em nenhuma razão fundamental: simples comodidade, não é em nada uma prescrição que valha como princípio e como lei universal [11].

É, certamente, sempre útil clarificar os conceitos e assinalar nomeadamente a diferença entre universal e uniforme. Mas, neste caso, podemos negar qualquer atributo de universalidade à dinâmica consumista? Na medida em que esta permite a melhoria das condições de vida, do bem-estar material, a «busca da felicidade», pelo menos uma parte da ordem consumista surge de uma exigência de universalidade de direito e pode invocar uma forte legitimidade de essência moral: a de melhores condições de vida dos homens. Sejam quais forem as derivas e os excessos inegáveis do consumismo hipermoderno, é muito redutor rebatê-lo a partir unicamente da lógica económica e funcional: na verdade, uma legitimidade de fundo subjaz ao funcionamento. Neste sentido, não subscrevemos a ideia segundo a qual a uniformização comercial dos modos de vida representa «a dupla perversão do universal» [12]: num universo secularizado, ter melhores condições de vida e de saúde, que favorece a progressão do nível de vida,

---

[11] François Jullien, *De l'universel, de l'uniforme, du commun et du dialogue entre cultures*, Fayard, 2008.
[12] *Ibid.*, p. 13.

impõem-se como direitos do homem, exigências da razão, horizonte autenticamente universal das sociedades e não unicamente como um princípio económico.

Mas se há, apesar de tudo, uma dimensão moral no consumismo hipermoderno, há também aí qualquer coisa de anárquico, de irracional, de profundamente irresponsável, tanto os nossos modos de vida são devastadores da ecosfera e incapazes de ser generalizados a toda a humanidade: se os quase seis mil milhões de seres humanos vivessem como os habitantes dos países ricos, teríamos necessidade do equivalente a vários planetas para abastecer as suas necessidades. Neste contexto, a nossa época exige uma profunda reviravolta: menos desperdício, mais e maiores investimentos nas energias renováveis, uma ecologia industrial, um *ecoconsumo*. Todas estas transformações são, como se sabe, necessárias, mas nas sociedades marcadas pela inovação contínua e pelo individualismo, há mais hipóteses de se ver instaurar um *hiperconsumo durável* do que uma nova sociedade frugal. Não é uma economia austera que se prepara, mas uma economia ecológica de baixo teor de carbono que, ao melhorar a eficácia energética, poderia relançar de um modo sustentado a procura. Não devemos sonhar: nem um crescimento verde nem hábitos de compra ecológica ou mais economia não pararão a comercialização exponencial dos modos de vida, do poder e do gosto pelas marcas[13], do apetite por novidades consubstancial às sociedades *destradicionalizadas* nas

---

[13] Segundo o gabinete de estudos Millward Brown, apesar da crise que agita a economia mundial, o valor das 100 maiores marcas mundiais progrediu ainda 1,7% em 2008.

quais o consumo tem um papel de animação existencial e de compensação face às misérias da existência. Não enterremos apressadamente a economia de consumo fútil e supérfluo: o reino proclamado do consumidor racional, cidadão e razoável poderá rapidamente mostrar os seus limites. Só o modelo de crescimento sustentável é o único meio possível para que se generalize a todo o planeta um modelo hiperconsumista mas liberto da sua forma primitiva, indiferente ao futuro e ao ambiente.

Marcas e «people»

Com o capitalismo de consumo, não são unicamente os objectos comerciais que se multiplicam e difundem no corpo social, é uma nova cultura, de novos referenciais, que se apodera da quotidianidade. Uma cultura que exalta continuamente os prazeres do bem-estar e dos lazeres, da moda e do *entertainment*: já não se trata dos ideais sacrificiais mas da fruição de sensações, do corpo, de férias [14]. Toda uma cultura hedonista edifica-se, afixando os sonhos de felicidade privada sob o signo do *fun*, da ligeireza, do erotismo, do humor. Às ideias de renúncia sucedeu uma cultura de desculpabilização, de tentação, de estimulação permanente de desejos. Os ideais heróicos do futuro típicos da primeira modernidade deram lugar a uma

---

[14] As férias cada vez mais colonizadas pelo consumismo: os turistas que vão a Nova Iorque para fazer compras são duas vezes mais numerosos do que aqueles que vão visitar museus. O West Edmond Mall é o primeiro local turístico do Canadá.

cultura imediatista de satisfação dos desejos continuamente renovados.

Cultura de consumo hiperbólico que se impõe igualmente como uma cultura de marcas. Os logótipos afixam-se em todo o lugar e em todos os suportes; aparecem, com o desenvolvimento do *product placement*, em filmes e em série de televisão. Os seus nomes brilham em todas as grandes avenidas das cidades, nos museus patrocinados, nas lojas de *duty-free* de todos os aeroportos do mundo, nos *sites* e nas ligações da Internet. A Europa conta com mais boutiques de luxo – 30 000 – do que com livrarias. O que é que escapa ainda à maré das marcas? Óculos, relógios, marroquinaria, jóias, materiais de escritório, equipamentos de desporto, produtos alimentares, telefones, mobiliário de *design*, tudo entra, agora, no reino das marcas, sejam elas nacionais ou internacionais.

A realidade das marcas mundiais não é certamente nova: aparecem a partir do primeiro momento da sociedade de consumo, no fim do século XIX e no início do século XX (Kodak, Singer...). Mas o fenómeno conheceu uma amplificação considerável no decorrer das últimas décadas do século que acaba de terminar, com a internacionalização crescente das empresas. Implantadas nos cinco continentes, abrangendo todos os sectores, as marcas multiplicam-se e gozam de uma notoriedade internacional crescente devido aos orçamentos faraónicos para o *marketing*. Algumas delas, desconhecidas há dez ou vinte anos, tornaram-se estrelas mundiais (Google, Nokia, iPhone...). No momento da cultura planetária, publica-se regularmente a classificação do valor das 100 maiores grandes marcas mundiais, largamente dominadas, de resto, pelos Estados Unidos da América. A cultura-mundo é a do triunfo das *global brands* e dos seus logótipos universalmente conhecidos.

Marcas que trabalham continuamente para construir a sua imagem e a sua legitimidade, para desenvolver a sua notoriedade e a sua promoção. Às marcas de um único produto sucedem-se as políticas de extensão de marcas, por vezes, em todos os sentidos: a Virgin é uma editora de música, uma cadeia de lojas multimédia, uma marca de vodka, uma companhia aérea *low cost*, um operador de telemóveis; a Armani coloca o seu nome nos hotéis, a Porsche nos relógios, isqueiros, óculos, canetas. A força das marcas revela, por outro lado, o desenvolvimento sem precedentes da contrafacção, agora de amplitude planetária. Quando o mundo se entretece de logótipos e se encontra inundado por imagens comerciais, mais marcas aparecem como os novos grandes fetiches da cultura-mundo.

O que o comprador deseja presentemente é menos um produto do que uma marca com o seu estilo, o seu prestígio, o seu imaginário, a sua força de sonho. Um novo fascínio pelas marcas desdobra-se e já não está circunscrita às elites sociais do Ocidente, mas abrange todas as nações, todos os estratos da população, todas as idades. Mesmo quando se observa hoje um reforço da «sensibilidade ao preço» e um certo desinteresse em relação às marcas, este último fenómeno continuar a ser relativo e de geometria variável, os consumidores combinam cada vez mais compras de marcas com compras de não-marcas. Agora, mesmo os mais desfavorecidos conhecem e desejam procurar as mais belas marcas. E enquanto os jovens sonham menos com moda do que com marcas, vêem-se alguns pais americanos que vão até dar um nome de marca (Chanel, Armani, Porsche, L'Oréal) aos seus filhos! Hoje, os jovens conhecem infinitamente melhor os nomes das marcas do que os da história, da literatura ou da religião. Marcas que são bem mais do que etiquetas de produtos de tal maneira estão no centro de inumeráveis fóruns e conversas reais ou *on line*: objectos de desejo dos consumidores, as marcas são também novas peças constitutivas da cultura quotidiana em todo o globo.

Se a cultura-mundo é uma cultura de marcas, ela é também uma cultura de estrelas e, como se diz hoje em dia, de *people*. Os «pipole» multiplicam-se, invadem as imagens publicitárias, as revistas, os programas de televisão. Já não há um único domínio que escape ao *star-system* e à «pipolização»[15], as marcas apelam cada vez mais às celebridades para associá-las à sua imagem. O *people* é cada vez mais necessário para as audiências, para amplificar as vendas, para fazer irradiar uma imagem de marca. Não consumimos unicamente produtos, filmes, viagens, música, desporto, consumimos a celebridade como uma maneira de singularizar--personalizar o mundo comercial impessoal. *Starmania* que não se pode separar da necessidade de evasão e de sonho, mas também de encontrar figuras conhe-

---

[15] O fenómeno também diz respeito à própria esfera «séria» do político: cada vez mais personalidades mediáticas (manequins, rainhas de beleza, desportistas, jornalistas) fazem parte, hoje, num bom lugar, das listas eleitorais dos partidos no sentido de ganhar o sufrágio dos eleitores-consumidores de vagas convicções, pouco sustentadas.

cidas num mundo de mudança contínua e acelerada. O hiperconsumidor deseja o novo e a moda, mas ele deseja igualmente referências e pontos de ancoragem: os «pipole» têm a virtude de responder simultaneamente a esta dupla expectativa, ao combinar estas dimensões contraditórias.

Quanto menos as culturas de classe estruturam os comportamentos, menos os produtos se mostram capazes por si só de orientar o consumo; quanto menos as fronteiras, que separam a direita da esquerda, são escavadas, mais eleitores «flutuantes» votam por personalidades e não por programas. A sociedade do «toda a gente» vem preencher o vazio que acompanha a individualização extrema das nossas sociedades e a balcanização das fronteiras colectivas, a despolitização e a dissolução das tradições de classe. As novas musas trazem do sonho e das histórias personalizadas (intrigas e outras notícias) num universo de banalização tecnológica.

Culturalização da mercadoria

Se a experiência do quotidiano é remodelada pelo consumo comercial, é necessário adicionar que ao mesmo tempo, o mundo económico, através das marcas comerciais, é cada vez mais penetrado por signos culturais. Quanto mais a cultura se impõe como um universo económico à parte mais esta tende a culturalizar-se: é particularmente manifesto com o universo das marcas que não pára de integrar na sua oferta uma dimensão cultural, a do estilo, da moda, da arte, da criatividade, dos «valores», da narração, do sentido. A era hipermoderna é aquela em que o cultural se difunde no universo consumista das marcas: já não se produz unicamente o valor de uso, mas o valor estético e cultural que fazem apelo ao talento dos *designers*, dos gráficos, dos arquitectos de interiores, dos artistas plásticos, dos realizadores de cinema, dos criativos de «conceitos». As grandes marcas confiam aos arquitectos estrelas o cuidado de assinar as suas lojas; os pontos de venda são constantemente redecorados e refeitos nos seus aspectos exteriores para melhorar as imagens de marca; as chancelas de luxo fazem contratos com artistas de vanguarda para as colecções de acessórios; os maiores realizadores de cinema filmam *spots* publicitários; as exposições são acolhidas nas grandes lojas de moda que tendem cada vez mais a assemelharem-se a galerias de arte.

Além disso, numerosas marcas constroem, agora, a sua identidade a partir de uma comunicação assente em mensagens de bom senso, de ética, de respeito pelo ambiente. O imaginário cultural já não é comparável a um universo incorpóreo acima da produção, assim as marcas, para se posicionar e diferenciar, integram sistematicamente a dimensão estética e narrativa, ética e criativa. Todas as grandes marcas da actualidade querem-se «culturais», ou seja, um universo de vida, *look*, espírito, conjunto de valores, narrativa, visão do mundo. Apenas se certifica pela *storytelling*. Pelo que a nova era cultural significa tanto mercantilização da cultura como culturalização do mercado. Uma cultura-mundo que vai ao encontro da hibridação do *high-tech* e da moda, do comercial e da estética, das tendências e das «raízes» do *marketing* e do senso, da gestão e da comunicação narrativa.

Ao assumir dimensões culturais, a produção comercial oscila estruturalmente no universo da moda, ou seja, da renovação acelerada, da estetização e da sedução das aparências. Assim como a cultura já não é outra que a da economia, da mesma maneira que já não está para além da moda, mas que se generaliza nos signos do quotidiano. A cultura-mundo assina o triunfo da forma-moda ao transformar continuamente o nosso meio ambiente, ao infiltrar-se em todos os domínios, ao jogar com os referenciais, ao misturar as balizas, ao tornar lúdica a relação das coisas e do bom senso. Com a cultura-mundo gere-se a cosmetização hiperbólica da quotidianidade comercial: a cultura era o lugar das alturas e das profundidades, para servir, agora, a ligeireza frívola.

Neste enquadramento, a cultura já não é sinónimo de «desperdício» ou de «despesa» inútil, uma vez que funciona como um dos meios para seduzir os novos consumidores que, fartos de mercados banalizados, andam à procura de diferenças. Consumidores em busca, igualmente, de uma qualidade de vida inseparável, presentemente, das dimensões estéticas, criativas, imaginárias. No momento em que os produtos são cada vez mais parecidos e onde a competição se intensifica, a cultura impõe-se como investimento económico, vector de diferenciação e de singularização dos produtos e das marcas para ganhar nos mercados do consumo.

O *universalismo técnico*

O capitalismo globalizado não construiu sozinho a cultura-mundo: no seu seio, modelando-a e impulsionando-a, encontra-se a ordem tecnocientífica, o que Jacques Ellul chamava o «sistema-técnico». Este é o terceiro grande dispositivo da cultura-mundo ao lado do mercado e do consumo.

Agora, a Técnica, ou seja, a cultura de eficácia generalizada e ilimitada, invadiu todo o planeta, ao universalizar não somente o uso das máquinas, mas ao transportar para todas as culturas um estilo de vida, um modo de pensamento, um modo de organização do trabalho, da produção, da educação. Não há outra orientação possível que não seja a da tecnicização exponencial, a optimização da utilização dos meios, a espiral do *high-tech*. Em todo o mundo, o sistema--técnico criado pelo Ocidente impõe-se como um imperativo absoluto, a via real do desenvolvimento e da construção do futuro.

Ao longo de toda a primeira modernidade, o Ocidente impôs-se como o único centro da tecnociência, proclamando a sua vocação de trazer ao mundo as suas luzes e os seus desempenhos. Este capítulo da história acabou. A era hipermoderna, começa agora em alguns países emergentes, ainda que timidamente, a fazer concorrência ao próprio Ocidente, desenvolvendo sectores de ponta como a informática, as biotecnologias, a indústria farmacêutica. Agora, no sector da química e no da nanotecnologia, o número de publicações chinesas ultrapassa a dos Estados Unidos. A posição destas novas economias progride igualmente nos sectores da electrónica, da indústria espacial e da aeronáutica. Obviamente, por agora, os domínios que dão lugar a verdadeiras inovações continuam ainda limitados: em matéria de *high-tech*, o Ocidente está longe de ser destronado. Não demorará muito que a cultura-mundo que vem veja o fim do monopólio ocidental na área tecnocientífica.

Universalidade geográfica da sociedade tecnicista que duplica a universalidade no que se refere ao seu campo de aplicação. Porque a tecnicização dirige-se a todos os aspectos da vida; apropria-se de todos os domínios da vida que é capaz de modificar como se apropria do infinitamente grande e do infinitamente pequeno. Encontra-se na publicidade, no lazer, na informação, na comunicação, mas também na saúde, na sexualidade, nos comportamentos mais quotidianos do corpo que, também eles, estão em vias de globalização. Tomar um duche, usar um champô ou um dentífrico, marcar um número de telefone, clicar no rato do computador, usar roupa interior, tomar a pílula, assistimos, através da interpretação tecnológica, à universalização de numerosos gestos elementares do corpo[16].

É à técnica que, por todo o lado, se recorre para encontrar soluções para os grandes problemas da vida, da saúde, da velhice, da comunicação. E para remediar os danos da tecnologia desenfreada, é ainda a técnica que se mobiliza para construir um eco-desenvolvimento durável. A Técnica já não é uma simples parte da civilização, ela tornou-se a lógica organizadora das nossas culturas e de todas as dimensões da vida, seja económica ou social, cultural ou individual. A Técnica

---

[16] Estes exemplos dispersos que são algumas das «técnicas globais do corpo» são analisadas por Jean-François Bayart, *Le gouvernement du monde. Une critique politique de la globalisation*, Fayard, 2004, pp. 317-404.

é mais que a técnica, ela envolve um modo de ser e de pensar que reestrutura e reorienta todas as culturas do mundo. O universo da Técnica vai muito para além do universo das máquinas: surge como a linguagem universal da acção da própria performance assim como equipamento intelectual e cultural que torna possível a utilização das técnicas. Universalismo tecnológico idêntico em todos os lugares que unifica os modos de agir e de viver, que mobiliza os mesmos símbolos, o mesmo sistema de valores e de normas como a eficácia instrumental, a racionalidade operacional, o cálculo de todas as coisas, a optimização da utilização dos meios ao serviço de um fim [17].

Mas se a Técnica constitui inegavelmente uma força de unificação mundial, ela não tem, no entanto, nem o poder de desintegrar as diferenças de cultura nem a de instalar as mesmas instituições políticas. Seja qual for o poder unificador da Técnica, as sociedades continuam tributárias da sua história e da sua cultura herdada. É necessário evitar acreditar que o planeta tecnicizado progrida inevitavelmente para um modelo único: sobre uma base unificadora erguem-se multiplicidades políticas e culturais. Enquanto a tecnicização produz objectos e signos estandardizados, as sociedades fragmentam-se em pequenas «comunidades» de referências diversas, os estilos de vida pluralizam-se e pulverizam-se, os modelos de identificação dispersam-se, as formas e projectos de existência disseminam-se, novas heterogeneidades

---

[17] Jacques Ellul, *Le système technicien*, Calmann-Lévy, 1977; Martin Heidegger, *Essais et conférences*, Gallimard, 1958.

dividem os micro-grupos, o culto da diferença e das «raízes» floresceu: quanto mais as grandes autoridades institucionalizadas se diluem, mais o sociocultural se fragmenta, explode em formas de vida heteromorfas ao mobilizar opções, estéticas, critérios dissemelhantes. E não devemos perder de vista que a partir da própria cultura-mundo podem edificar-se ideologias e instituições políticas muito diversas, aqui com democracias pluralistas, ali com sociedades autoritárias e não liberais. A tecnicização planetária do mundo não garante de maneira nenhuma o triunfo final das democracias liberais.

Um mundo tecnicizado cujo hiperbolismo expõe-nos continuamente a riscos maiores, a catástrofes globais: poluição do ar, a incógnita dos OGM [organismos geneticamente modificados], lixo nuclear, aquecimento climático, a epidemia das vacas loucas, esgotamento da biodiversidade. São tantos os riscos com estas características que não conhecem os limites das fronteiras nacionais. É, assim, que com a cultura-mundo tecnológica se afirma o sentimento de fazer parte de um mundo interdependente, a tomada de consciência da globalidade dos perigos, uma reflexividade cosmopolita.

Desenvolve-se igualmente, devido à degradação da biosfera e dos riscos mundiais surgidos pela combinação da Técnica e do capitalismo, uma figura típica da cultura-mundo ao ignorar as fronteiras nacionais: os valores ecológicos e o seu imperativo de preservar a existência, a longo prazo, da humanidade numa Terra habitável. Donde, os apelos, em todos os recantos do planeta, para promover um crescimento verde, de desenvolvimento durável, de novas fontes de energia limpa, um eco-consumo. Esta peça da cultura-mundo, a exemplo da competição no capitalismo globalizado, dá-se não como uma escolha mas como um constrangimento, uma reacção de sobrevivência perante uma realidade que se tornou largamente incontrolável e involuntária [18]. Nunca a ordem tecno-comercial criou tantos riscos extremos e tantos sentimentos de desapropriação sobre o nosso destino; nunca, no entanto, as possibilidades de reinvenção de um novo tipo de desenvolvimento, de novos modos de produção e de consumo foram tão grandes.

O sistema tecnológico alimenta tanto os medos como as esperanças e as utopias. Nos nossos dias, a esperança de saúde perfeita, de eterna juventude, de um ser humano de potenciais intelectuais e psicológicos «enriquecidos» é relançado pela revolução das biotecnologias, da bioquímica, das nanotecnologias, da micro-electrónica. A partir do progresso do *high-tech*, espera-se mais felicidade para os homens: agora mesmo, graças aos «milagres» da técnica, a esperança de vida não pára de aumentar, vive-se até mais tarde e com melhor saúde, os nascimentos são controlados, as condições materiais de um grande número de pessoas melhoram. Os sonhos dos modernos associados às «maravilhas» da técnica não desapareceram apesar dos novos temos que ela gera. E, no entanto, a felicidade não progride ao mesmo ritmo. Consumimos três vezes mais energia do que nos anos 60 do século passado, mas é claro

---

[18] Ulrich Beck, *Qu'est-ce que le cosmopolitisme?*, Aubier, 2006, pp. 40-51.

que não somos três vezes mais felizes. Nos últimos trinta anos, o poder de compra das classes médias em França quase duplicou: quem é que poderá sustentar que elas são duas vezes mais felizes? Cada vez mais se multiplicam as ansiedades, as depressões, as tentativas de suicídio [19], as manifestações de dificuldade de viver. Manifestamente a sociedade tecnológica tem mais capacidades para fazer recuar os grandes infortúnios do que para engendrar a alegria de viver.

Indústrias culturais e poder mediático

Um quarto pólo traça a cultura-mundo: trata-se da dilatação hipertrófica da esfera dos *media*, das indústrias culturais e do mundo Web. A este respeito, a cultura-mundo designa a era do crescimento exponencial do universo da comunicação e da informação, do divertimento e da mediatização que difunde em todo o planeta uma onda ininterrupta de filmes, de músicas, de séries de televisão, de espectáculos desportivos. É, assim, que o hipercapitalismo de consumo é um capitalismo cultural, um capitalismo no qual a cultura se impõe como um domínio económico essencial. No momento da mundialização das indústrias do imaginário e do ciberespaço, a cultura já não é um sector marginal etéreo, ela tornou-se numa força de produção, numa indústria plena que, cada vez mais, é o motor das eco-

---

[19] Nos países ocidentais, as depressões declaradas foram multiplicadas por sete em 30 anos. Em França, 11% dos adolescentes de 16 anos já tentaram o suicídio.

nomias capitalistas e representa uma parte importante do crescimento económico e do emprego. A Unesco estima a contribuição das indústrias culturais em sete pontos do PIB mundial; o peso económico deste sector representa 1,3 mil milhões de dólares e está em crescimento rápido e progressivo. Nos países da OCDE, o crescimento destas indústrias estabelece-se, desde 2000, entre os 5% e os 20% por ano. Nos Estados Unidos, elas fornecem 5,2% do PIB e o seu peso no comércio exterior, com um valor superior aos 60 mil milhões de dólares, ultrapassa o dos sectores da aeronáutica, da química, da agricultura, do automóvel ou da defesa; constituem o primeiro lugar de exportação dos Estados Unidos. No seio da União Europeia 4,6% do emprego total vem deste sector. As trocas internacionais de bens culturais foram multiplicadas por cerca de 4 entre 1980 e 1998: este comércio passou de 38 para 60 mil milhões de dólares entre 1994 e 2002.

Uma economia cultural marcada por algumas grandes lógicas. Mencionarei seis.

Em primeiro lugar, um desenvolvimento oligopolista e um desequilíbrio de fluxos, com o domínio de um número limitado de fusões de dimensão mundial que controlam a distribuição de produtos culturais: 75% a 80% do mercado mundial da música é controlado por 4 grandes grupos; os 15 primeiros grupos audiovisuais representam cerca de 60% do mercado mundial de programas; a produção dos 7 gigantes americanos do cinema ocupa 80% dos ecrãs do mundo. 70% dos registos legais de música vendido em todo o mundo são produzidos por dois grandes grupos; os quatro gigantes do disco em França partilham 80% do mercado.

A maioria do comércio mundial de livros impressos está de facto em 13 países, os Estados Unidos e os países da Europa Ocidental contribuem com dois terços deste mercado.

Em segundo lugar, a cultura, metamorfoseada em sector comercial, funciona cada vez mais como investimento financeiro, devendo obedecer à obrigação de retribuição do capital investido. Acena-se com a bandeira de «excepção cultural», mas a lógica do mercado expande-se irresistivelmente em todos os ramos de actividade. O facto está aí: já não há oposição estrutural entre esfera cultural e esfera económica. Este tempo é dominado por todo o lado pelas lógicas financeiras e comerciais.

Em terceiro, vêem-se esbater as fronteiras que separam a cultura, a publicidade e os *media*. Enquanto sobem as despesas promocionais, os produtos culturais são lançados segundo os métodos do *marketing* no sentido de seduzir os consumidores, de chamar a atenção dos *media*, de criar um «acontecimento». Por todo o lado, crescem a um grande ritmo a influência dos *media* sobre a cultura, as lógicas do espectacular e da publicidade. As ligações que unem as indústrias culturais à publicidade e aos *media* não são novas, mas a amplitude que o fenómeno tomou assinala que um limiar foi ultrapassado: lançam-se filmes a partir de estudos de *marketing*, produzem-se canções para o Verão, livros são escritos por encomenda. Mais nenhum domínio escapa à lógica do *star-system*: hipermediatização, sistema de prémios literários, Top 50. É neste contexto que recuam as fileiras tradicionais de legitimação cultural em benefício do novo papel dos *media*, que exercem uma influência decisiva na prioridade dos debates de ideias, nos acontecimentos, nos processos de consagração dos autores e das obras. Perda de influência de algumas instâncias de legitimação cultural, predominância das lógicas comerciais, mediáticas e publicitárias, é este o perfil da evolução da cultura-mundo.

Em quarto, uma corrida desenfreada à renovação dos produtos, à variedade crescente dos produtos culturais. Nos Estados Unidos, o número de livros publicados aumentou mais de 50% nos últimos dez anos: mais de 100 000 livros são publicados anualmente. O movimento é idêntico em França: 64 000 títulos novos em 2008 contra 25 000 em 1980. A mesma dinâmica de proliferação também na indústria do cinema: em 2005, Hollywood produziu 699 filmes, França 240, Espanha 142. Anualmente, o Japão e a China produzem respectivamente qualquer coisa como 300 filmes, a Índia 800. Os estúdios franceses lançam duas vezes mais filmes do que há dez anos. Devido a esta dinâmica de superprodução, o número de filmes estreados em salas de cinema em França aumentou 40% em dez anos. A cultura-mundo distingue-se pela espiral de diversidade, pela proliferação de novidades, pelo aumento da oferta.

Em quinto lugar, uma concentração do sucesso num número muito limitado de títulos. Em 506 longas-metragens projectadas em França em 2001, 30 filmes realizaram mais de 50% das entradas e uma centena representaram quatro quintos. Para tomar um outro exemplo, em Dezembro de 2006, cinco filmes ocupavam 70% dos ecrãs. A cultura-mundo é uma cultura de *hits* e nada deixa pensar que ela permitirá aos «nichos», segundo a teoria da «cauda longa» cara a Chris Anderson, constituir um mercado tão importante que o dos grandes sucessos planetários. Daí a fisionomia paradoxal da cultura-mundo: de um lado, uma individualização crescente dos consumos culturais, um impulso da heterogeneidade das práticas e dos gostos; do outro, uma lógica de carneirada, um tropismo de massas para os mesmos filmes e para os mesmos livros.

Em sexto lugar, a oferta pletórica, as exigências de rentabilidade rápida, as poderosas máquinas promocionais provocaram uma redução da duração de vida dos produtos culturais. Mesmo o livro tornou-se um produto de circulação ultra-rápida. Presentemente, um terço das salas parisienses estreiam um novo filme todas as semanas. Em meados dos anos 50, os filmes obtinham cerca de 50% das suas receitas em três meses de exploração; hoje, o essencial dos resultados é realizado em duas semanas por um malogro e em seis ou dez semanas em caso de sucesso. A curta duração da moda conquistou o ritmo das obras do espírito.

Do cinema ao mundo Web

A cultura-mundo dos *media* tem já raízes numa longa história. De facto, esta dinâmica foi sentida desde o início do século XX, particularmente com o cinema. Este colocou nos carris a cultura-mundo ao dirigir-se a um maior número de pessoas com produções simples, acessíveis a todos, fossem quais fossem os países e as culturas. Com o cinema começa a primeira fase daquilo que é verdadeiramente uma cultura-mundo moderna. Primeiro, naquilo que os filmes americanos exportaram rapidamente e que foi visto em todos os continentes. A seguir, porque a linguagem dos filmes era facilmente compreensível por todos. Finalmente, porque o cinema criou uma nova figura do espectáculo moderno, a *star* que fará sonhar o público de todo o planeta. O cinema criou a forma prototípica da cultura-mundo através do *star-system*, o divertimento como grande espectáculo, a renovação permanente dos filmes, uma linguagem e um consumo de massas.

Esta dinâmica será retransmitida, na segunda metade do século XX, pela televisão que impõe o universo da imagem directa, do instantâneo, da exclusividade, do insignificante. Através das imagens em tempo real, os homens de todo o planeta acedem ao mesmo tempo às mesmas informações. A televisão mudou o mundo, o mundo político, a comunicação política, a publicidade, o lazer, o mundo da cultura; transformou o próprio mundo em informação porque é, agora, através das imagens do ecrã que o mundo aparece aos homens e que eles passam a conhecê-lo: cada vez mais, as coisas apenas existem verdadeiramente a partir do momento em que são vistas por todos na televisão. Com a televisão impõe-se a «aldeia global», cara a McLuhan, o triunfo da sociedade da imagem e o impulso do *homo ecranis* inaugurado com o cinema.

Mas é, agora, uma nova etapa da cultura-mundo que é colocada: ela é contemporânea da revolução do digital e da proliferação dos ecrãs, da convergência das novas tecnologias de comunicação, do mundo Web, este hiperespaço interligado no imediatismo dos indivíduos para além dos continentes. A era do ecrã total não fornece somente uma quantidade ilimitada de imagens e de informação em contínuo, é acompanhado, através da rede e da Web 2.0, por uma comunicação interactiva, descentralizada, autoproduzida pelos próprios indivíduos. Já não estamos na era dos *mass media* e da sua comunicação unilateral, estamos no tempo das redes sociais em linha, das plataformas relacionais, das trocas interpessoais, horizontais e comunitárias. Uma cultura *tudo para todos* que permite aos indivíduos ser menos consumidores passivos, de partilhar, de discutir, de participar para além dos constrangimentos do espaço-tempo. É necessário quebrar com o cliché do *zombie* dessocializado, agarrado ao seu computador, desligado do mundo, vivendo apenas num ambiente virtual. Mesmo que vícios como este existam inegavelmente, é mais verdadeiro dizer que a Web é o que favorece os encontros fora da rede; é também o que permite aos indivíduos falar, contar, entrar em cena. Pode mesmo revelar-se um instrumento que cria solidariedades entre crentes dispersos no mundo.

O *indivíduo como cultura universalista*

Deve colocar-se a cultura do indivíduo como o quinto grande *pivot* da cultura-mundo. No decurso da segunda metade do século XX, as estruturas sociais que funcionavam como freios ao desenvolvimento do individualismo (tradição, família, Igreja, grandes ideologias, partidos políticos...) perderam a sua anterior autoridade em benefício da expansão social do princípio da individualidade. A intensificação social da ideologia dos direitos do homem e a difusão dos valores hedonistas, a imensa oferta do consumo, de informações e de imagens mediáticas são conjugadas para provocar a dissolução dos enquadramentos colectivos ao mesmo tempo que uma multiplicação dos modelos de existência: daí uma dinâmica de individualização que perturba radicalmente as sociedades e as culturas autoritárias tradicionais herdadas da primeira modernidade.

Ao mesmo tempo, a partir da década de 80, num contexto dominado pelas políticas neo-liberais, assiste-se à subida em força de um modelo económico e social assente na concorrência desenfreada do mercado e dos imperativos de rentabilidade imediata. Um hipercapitalismo surge onde se impõem estes referenciais que são o sucesso individual, a iniciativa privada, o dinheiro, a competição, o ideal empresarial. Recuo do Estado e das normas autoritárias, enfraquecimento do sindicalismo, eclipse das utopias: é um individualismo de «vencedor» e de «combativo» que triunfa, incitando cada um à iniciativa individual, que se assume, um ser reactivo e móvel, assumindo riscos, que se adapta permanentemente. Um hiperindividualismo competitivo que apela cada vez mais à autonomia, à responsabilidade total de si.

Se a cultura-mundo comercial propaga por todo o lado as normas e as imagens comuns, ela funciona ao mesmo tempo como um poderoso instrumento de desterritorialização e de individualização dos seres e dos estilos de vida. De um lado, os direitos do homem que consagram os princípios de liberdade individual e de igualdade de todos não cessam de minar os dispositivos sociais, entravando a livre disposição de si. Do outro, os *media*, a televisão, o cinema, a publicidade criam novos sonhos, alimentam as expectativas de mudança, diversificam os modelos de identificação, difundem a legitimidade das vontades pessoais e o ideal de felicidade individual. À medida que se impõem em todo o planeta os *media* assim como as normas de consumo comercial, desenvolve-se em grande escala uma dinâmica de autonomia subjectiva reforçada ainda pelo aumento da escolarização das populações. Acrescenta-se a isto, finalmente, o próprio impacto dos fluxos migratórios, na medida em que os trabalhadores expatriados tendem a repatriar nos seus países de origem um certo número de normas e de práticas típicas da modernidade individualista. Nomeadamente as práticas contraceptivas e os modelos ocidentais de consumo.

E é também uma cultura-mundo que constitui na medida em que esta dinâmica progride em todos os continentes mesmo que não seja com a mesma intensidade e com as mesmas formas. Hoje, na Rússia como na China, desenvolve-se a espiral do individualismo possessivo, o reino do modelo empresarial, a paixão pela moda e pelo luxo. Na Índia, as novas classes médias deliciam-se a fazer as suas compras nos supermercados, a frequentar os institutos de beleza e as discotecas nocturnas, a ouvir música internacional em DVD; enquanto a publicidade comunica os seus *slogans* ao prestar um culto aos valores ao desenvolvimento de si, a fraude fiscal e a corrupção reina por todo o lado. Nos quatro cantos do planeta, os casais vivem cada vez menos com os seus pais e a cultura de casamentos arranjados, que os princípios da auto-realização e de controlo de si mesmo, está cada vez mais ferida de ilegitimidade. A poligamia foi sempre autorizada num determinado número de países (um terço da população mundial), mas tende a recuar claramente com o nível de instrução: países muçulmanos já a proibiram (Tunísia, Turquia) e são numerosas as associações de mulheres em todo o mundo que militam pela sua abolição.

Mesmo nas sociedades *re-islamizadas*, a individualização está presente como o mostram as taxas de fertilidade que, nos países como o Irão ou a Tunísia, são, agora, equivalentes às de França [20]. Queda da fecundidade [21] que traduz exemplarmente a desestruturação da tradição, a transformação das relações de autoridade entre marido e mulher, o controlo dos nascimentos feito por particulares. E se o fenómeno das migrações transfronteiriças conhece uma evolução acelerada e toca presentemente todas as regiões do mundo – o planeta conta com cerca de 200 milhões de emigrantes – não é somente por causa da pobreza ou das guerras, é também porque os indivíduos querem ser mais senhores do seu futuro, senhores do seu destino. Ao ficar a saber, por intermédio dos *media*, das possibilidades de viver melhor fora, mostram-se menos resignados, ganham distância em relação ao seu Estado de origem, decidem mudar de vida [22]. No início da migração hipermoderna encontra-se, para além da miséria ou da opressão, os

---

[20] Youssef Courbage e Emmanuel Todd, *Le rendez-vous des civilisations*, Seuil, 2007.

[21] Em todo o mundo, a fecundidade passou, em 50 anos, de 5 crianças por mulher a 2,7 nos nossos dias.

[22] Catherine Withol de Wenden, *Atlas mondial des migrations*, Autrement, 2009. Uma dinâmica de individualização que, de resto, pode modelar-se nos âmbitos tradicionais da organização holística, as decisões de emigração eram frequentemente tomadas em família tendo por fim melhorar o seu destino.

desejos de valorização pessoal e de independência, a busca de «explorações» necessárias para a sua auto-realização, o gosto do risco, um ideal de sucesso material cheio de fantasmas de carros extravagantes, de roupa de marca, de produtos *high-tech* [23]. Desenvolve-se por todo o lado, segundo ritmos e intensidades variáveis, a dinâmica de individualização, a autonomização da existência individual, a busca do bem-estar pessoal e da sua consumação. A individualização acelera a globalização e esta intensifica a individualização.

A relação contemporânea com a religiosidade vai no mesmo sentido. Esta, com efeito, deve sentir-se como interioridade, fé e escolha pessoal. Torna-se objecto de reflexão independente da sua antiga evidência usual, depende da adesão dos crentes e já não depende da pertença a um grupo social, da lei ou da sociedade. A dinâmica de individualização em marcha no Ocidente também se verifica noutros lados, num mundo marcado pela destradicionalização e pela desterritorialização das religiões, pela reapropriação individual do sagrado, pelas conversões que se efectuam em grande número depois de uma escolha individual. Agora, o evangelismo protestante espalha-se por toda a China, no Brasil, no mundo muçulmano; o budismo penetra no Ocidente; o islão é adoptado por europeus e por índios de Chiapas; o judaísmo é abraçado por uma população ugandesa, por um grupo tribal tibeto-birmano, por negros americanos. A cultura-mundo é a do mercado mundial

---

[23] Eliane de Latour, «Héros du retour», *Critique internationale*, n.º 19, 2003.

do religioso onde os actores individuais mudam de religião ao escolher o que lhes convém em matéria de crença. Mesmo os neo-fundamentalistas surgem de uma religião do indivíduo em que se assenta na convicção e adesão pessoais e já não na evidência social do religioso. Enquanto o modelo tradicional da religiosidade recua, afirma-se, em todas as religiões, os fenómenos de apropriação individual da fé [24].

Desde Tocqueville, sabe-se que a democracia não significa unicamente um regime político mas uma forma de Estado social. Assim como os direitos humanos, os quais são mais do que os fundamentos últimos da ordem política democrática: eles são os princípios que desestruturam a organização social tradicional e contribuem, por todo o lado, para a construção de uma nova socialidade ao inventar uma relação inédita com a família e com a religião, com o tempo e com o saber, com os géneros e as idades da vida. Pouco a pouco, todas as instituições sociais são alteradas e reorganizadas ao alinhar-se com o princípio de cada um ser senhor de si mesmo. É, assim, que os direitos do homem trabalham para individualizar comportamentos e as aspirações dos seres ao planetarizar o mesmo princípio de vida em sociedade. O mercado não é o único a unificar o globo; os direitos do homem vão no mesmo sentido, embora de uma forma diferente, ao fazer da individualidade o princípio universal que organiza a relação dos particulares com a ordem social.

---

[24] Sobre estes pontos, cf. Olivier Roy, *L'islam mondialisé*, Seuil, 2002, e do mesmo autor, *La sainte ignorance*, Seuil, 2008.

Dinâmica do princípio da individualidade que não impede em nada o do comunitarismo e das buscas identitárias. Se uma das inclinações da cultura do indivíduo se identifica com o consumismo íntimo, um outro desenvolvimento do reinvestimento das comunidades de língua, religião, de cultura como meio de conjurar a ansiedade identitária gerada por processos de desunião social. À medida que recuam os fortes sentimentos de pertença política de carácter universal, afirma-se a necessidade de ser integrado nas comunidades particulares de tipo étnico, religioso ou infranacional. Reinvestimento de entidades colectivas que não contrariam a espiral da individualização na medida em que, presentemente, são os indivíduos que aderem voluntariamente e já não por tradição, que se religam com as suas «raízes» segundo diligências pessoais, reflectidas, susceptíveis de livre revisão[25]. O comunitarismo contemporâneo não é antinómico com a espiral de individualização: é uma figura paradoxal.

O horizonte planetário dos direitos do homem

Além disso, a sociedade do indivíduo não se limita à consagração do actor aberto, emancipado das suas antigas pertenças. A promoção do indivíduo concreto-social prolonga-se na do indivíduo de direito, ou seja, na sagração contemporânea dos direitos do homem

---

[25] Em muitos casos, o lenço islâmico exprime menos uma lógica fundamentalista do que uma afirmação de si, uma apropriação individual de um símbolo tradicional.

colocados pelo princípio de legitimidade universal e referência ideal dominante da ordem colectiva. Assente numa única razão, afirmam-se sob o signo de uma moral e de uma justiça universais, os direitos do homem querem-se sem fronteiras: constituem neste sentido uma peça importante da cultura-mundo. Na vida social como no direito, é agora o indivíduo que se impõe como sistema de referência primeiro, o salão central do sentido da cultura-mundo, a sua vocação universalista e humanista.

No período que começa, mais do que nunca os direitos do homem não podem ser reduzidos a direitos «formais» e o seu papel ultrapassa em muito a clássica função que se lhe atribuía de ser uma muralha contra as arbitrariedades do poder. Eis, assim, que dão lugar a políticas que afectam o sistema internacional estruturado pela soberania dos Estados. Os direitos do homem assentam, presentemente, no princípio de ingerência humanitária que consiste em ir em ajuda dos maltratados e vítimas de países estrangeiros. São igualmente o princípio de novas instâncias da justiça penal internacional que responde à vontade de prevalecer a moral sobre os governos soberanos, de estabelecer uma justiça à escala planetária julgando os crimes contra a humanidade, os genocídios e os crimes de guerra. Ao apagar o limite entre o direito e a moral, o novo regime dos direitos do homem institui uma espécie de ordem moral mundial, mesmo se o direito de ingerência se exerça, de facto, de uma maneira muito selectiva, unicamente visando os criminosos que pertencem a «pequenos» países e cujas actuações levantam uma forte indignação na opinião ocidental.

Finalmente, em nome da moral universal, os Estados estrangeiros podem imiscuir-se na política interna de outros países e desencadear guerras no sentido de promover a democracia e a liberdade dos povos. O que tem conduzido à legitimação da guerra hipermoderna como «guerra humanitária» ou como «humanismo militar». Aqui, ainda, a suspeita pesa sobre estas operações que visam, em princípio, todos os países mas que, na realidade, apenas se aplicam a alguns deles: pode fazer-se a guerra no Iraque ou na ex-Jugoslávia, mas está fora de questão na China ou na Rússia. Portanto, não podemos evitar pensar que este cosmopolitismo funciona como uma instrumentalização dos direitos do homem para fins nacionais hegemónicos. Estes mostram-se menos ao serviço da moral do que da política, menos ao serviço de uma justiça universal do que de diversos interesses nacionais estratégicos. Diz-se que a política dos direitos do homem gerava a impotência da política nas democracias: é necessário observar que podem também contribuir para reforçar políticas voluntaristas e intervencionistas, para legitimar políticas de poder que exprimem menos os valores de um mundo liberal do que uma lógica imperial. Ao evocar a missão da América, autores como Robert Kagan ou Robert Cooper, puderam, assim, preconizar a exigência de um novo «imperialismo liberal» e «benevolente» que, através das «guerras preventivas» e de outras práticas intervencionistas, seria destinada a implantar em todo o mundo os princípios da civilização liberal.

Obviamente que nem todas as regiões do mundo ergueram os direitos do homem como norma reguladora do Estado e da acção colectiva. Não somente as democracias iliberais desprezam sem vergonha estes princípios, mas um certo número de ideólogos e de governos do Sul denunciam presentemente o universalismo das Luzes em nome das diversidades das culturas, dos valores «autenticamente» asiáticos, índios, islâmicos e africanistas. Aqui e ali é estigmatizado o colonialismo ideológico da Europa e da América, a sua pretensão de exportar a democracia e os direitos do homem para todo o mundo. Afirma-se a ideia que a universalidade incondicional do Homem e dos seus direitos absolutos é, de facto, uma construção de uma Europa centrista, um conceito cultural tributário de uma história particular, uma visão etnocêntrica do homem e da sociedade, uma norma especificamente judaico-cristã do direito.

Assim, foi adoptada, em 1981, a «Carta Africana dos Direitos do Homem e dos Povos» que afirma a necessidade de ter em conta as tradições históricas e os valores da civilização africana. Alguns países muçulmanos militam igualmente por uma visão diferencialista dos direitos humanos assente não em princípios universalistas e laicos, mas nos «valores espirituais, morais e socioeconómicos do islão». Neste quadro, são os valores islâmicos que prevalecem sobre todos os outros valores: a «Declaração do Cairo sobre os Direitos do Homem no Islão» (1990) consagra, assim, a supremacia da *sharia*, «única fonte de referência», sobre qualquer outra lei (incluindo as resoluções da ONU) nos Estados islâmicos.

Um certo número de países interpreta os apelos para respeitar os direitos do homem como uma forma de imperialismo, uma ideologia que tem por finalidade justificar a ingerência ocidental nos assuntos internos de Estados soberanos, de legitimar as suas acções militares e as suas guerras de agressão. Assimilados ao domínio ocidental, à imposição arrogante de valores com pretensão universal, os direitos da pessoa são contestados e são objectos de rejeições diversas em nome do respeito da especificidade cultural e religiosa dos povos [26]. E os que denunciam as violações aos direitos do homem são, agora, acusados de blasfémia, de sacrilégio, de difamação contra as religiões e mais recentemente de islamofobia. No decurso da primeira mundialização, algumas elites dirigentes tiveram por missão superior modernizar os seus países, de alcançar o Ocidente, importando os seus princípios, combatendo as tradições arcaicas e os obscurantismos religiosos. Já não é bem assim: enquanto se espalha a cultura-mundo, desenvolve-se o anti-ocidentalismo e o questionamento da universalidade da razão moral e política.

Serão os direitos do indivíduo levados a conhecer os limites definitivos ao seu movimento de expansão mundial? É muito improvável. A consagração dos direitos do homem não é certamente a mesma em toda a face do planeta, mas como duvidar que a sua progressão vai prosseguir quando o indivíduo de direito se impõe como princípio de legitimidade superior das sociedades modernas? O que é que, nas presentes condições, poderá fazer parar a expansão planetária do princípio

---

[26] Como não ver que estes anátemas dirigidos contra o universalismo são utilizados pelos Estados para legitimar o seu modo de governo não democrático, para conservar o seu lugar, amordaçar as forças de oposição, criar obstáculos à emancipação feminina?

da individualidade quando a educação, a ciência, a tecnologia, a inovação permanente, a informação, o bem-estar não param de fazer recuar a influência dos modelos heterónomos da vida em sociedade em benefício de uma reflexividade generalizada, de uma autonomização da vida social e individual e, assim, do modelo do indivíduo livre e igual? Porque os processos de modernização e de individualização trabalham inegavelmente para destradicionalizar a sociedade e os homens, os direitos individuais adquirem uma força de legitimidade sem igual e tendem a tornar-se o sistema referencial central da vida em sociedade. Sejam quais forem as regiões do mundo, as ditaduras são combatidas em nome de valores universalistas, constituem-se um pouco por todo o lado grupos de defesa dos direitos do homem que lutam pela democracia e pelas liberdades individuais. As sociedades que serão, cada vez mais, dominadas pela individualização das condições de vida não poderão continuamente voltar as costas ao reconhecimento do indivíduo de direito. Pelo que, se a civilização ocidental é uma cultura entre outras, é necessário reconhecer que ela não é unicamente uma cultura particular: outra coisa a habita e que a ultrapassa tanto quanto os seus princípios cardeais se encontram dotados de validade universal com a sua vocação para se difundir no conjunto do globo.

Contudo, se a cultura dos direitos individuais tem todas as possibilidades de se propagar em todo o planeta, nada diz que ela será a última palavra da história. Marcel Gauchet sublinha justamente que há apenas dois princípios de legitimidade capazes de sustentar a vida em sociedade: seja uma fonte do direito para além da esfera humana (as tradições, o sagrado, o divino), seja uma fonte imanente a esta ([27]). Mas, é necessário acrescentar, neste último caso, o sistema de legitimidade não é necessariamente o dos direitos originários agregados aos indivíduos, ele pode ser a da primazia do próprio conjunto colectivo, da sua unidade, dos seus interesses vitais e estratégicos, da sua segurança, da sua força. Uma forte inclinação, sem dúvida irresistível, leva, nas sociedades libertas da influência institucional da religião, ao reconhecimento do primado dos direitos pessoais. Mas existe uma outra que pode, numa ou noutra ocasião, numa ou noutra circunstância, fazer valer a dimensão «holística» da sociedade, por outras palavras, a necessária submissão das partes individuais ao todo social. Pelas razões evocadas acima, a linha de maior força histórica, a mais provável, é aquela que fará prevalecer os direitos do homem. Mas probabilidade não é inevitável necessidade: não se pode excluir, absolutamente, uma inversão de tendência.

Se escaparmos ao advento de terríveis guerras devastadoras, de imensas catástrofes económicas e ecológicas, podemos razoavelmente pensar que o universo liberal dos direitos do indivíduo acabará por prevalecer no mundo. Em caso contrário, nada impedirá a revitalização, sob novas formas, da subordinação dos direitos individuais à ordem do conjunto. Esta última lógica prevaleceu durante a primeira modernidade (nacionalismos conquistadores, totalitarismos): ninguém poderá

---

[27] Marcel Gauchet, *La condition politique*, Gallimard, 2005, pp. 485-486.

dizer que ela nunca mais se exerça, tanto que ela pode brandir ideais perfeitamente intramundanos: a segurança e o bem-estar colectivo, os imperativos do futuro, etc. Finalmente, mesmo que os direitos individuais sejam reconhecidos oficialmente, o sistema político pode perfeitamente ignorá-los *de facto* para que possa manter o seu domínio. A este respeito, o futuro está aberto e é incerto porque um cenário é sempre possível, o que veria o funcionamento político real das sociedades desdobrar-se em contradições com os valores humanistas altamente reivindicados. Nada está jogado: a história tem razões que a razão desconhece.

Força crescente do processo de individualização que leva a recusar a tese do choque de civilizações defendida por Samuel Huntington. Ponto de heterogeneidade radical das culturas, fechadas que estariam nas essências irredutíveis, homogéneas e imutáveis. Na verdade, as culturas no mundo não param de se transformar de acordo com vias paralelas se não mesmo convergentes, de ser remodeladas pelos princípios-força da modernidade e da hipermodernidade. Atrás das diferenças de civilização estão em marcha as tendências pesadas similares, precisamente aquelas da cultura-mundo, nenhuma civilização está completamente de fora, nomeadamente, da dinâmica do indivíduo e das suas aspirações. Um processo de individualização que, não poupando mais nenhum recanto do planeta, dissolve cada vez mais a alteridade das culturas em benefício de uma modernização cultural universal. Não é um planeta dividido em civilizações fechadas umas às outras que se dispõe, mas uma mundialização da cultura da individualidade, da sua autonomia e dos seus direitos.

Dizer que a individualização é uma dinâmica inegável não significa que ela seja chamada a organizar uma humanidade homogénea com indivíduos com comportamentos e gostos idênticos, desligados de qualquer solo colectivo. As maneiras de viver, de sentir, de pensar enraízam-se sempre numa cultura particular, num conjunto de hábitos e de costumes herdados do passado: como é que os indivíduos, mesmo destradicionalizados, autónomos, «soberanos» não poderiam trazer em si os traços daqueles que o constituem? Ponto de tábua-rasa neste domínio: o regime dos direitos do homem e a difusão planetária das marcas comerciais não têm o poder de criar indivíduos sem laços culturais que vivam numa espécie de imponderabilidade absoluta. Nem o individualismo nem o consumismo planetarizados conseguirão pôr fim aos particularismos culturais, ao pluralismo de estilos de existência, sempre modelados, mais ou menos, pela história dos povos.

Alta cultura e cultura-mundo

É este, em traços largos, o retrato da cultura-mundo. Uma cultura que, ninguém o ignora, é objecto de numerosas críticas de diferentes ordens. Nos limites desta análise, irei abordar as duas principais.

A primeira diz respeito ao estatuto e ao destino da cultura literária e intelectual, confrontada com o fluxo da cultura-mundo. É pouco contestável, com efeito, que conseguiu transformar profundamente o lugar simbólico da alta cultura, a minar o imenso prestígio que tinha. Para resumir rapidamente a evolução em curso, a época é testemunha de um processo de depreciação e de desqualificação do que Paul Valéry chamava o «valor espírito». A via intelectual deixou de ser sinónimo de emancipação do homem e de nobreza de espírito: recentemente é associado a uma «complicação», qualificar uma pessoa «intelectual» tem qualquer coisa de pejorativo. As vendas de livros de ciências humanas não param de baixar com uma média de algumas centenas por título: isto foi dividido por dois ou três em trinta anos. Já não há mestres do pensamento, já não há grandes correntes filosóficas de valor iniciático. As grandes visões do espírito perderam o seu valor de fascinação, o seu poder de atracção libertadora. É evidente que a aura da alta cultura se degradou, a magia que a habitava desapareceu, deixa de ter cada vez menos capacidade de fazer sonhar, de provocar grandes paixões e fortes entusiasmos. A época hipermoderna é a da regressão ou da perda da posição proeminente que ocupava a alta cultura: o «valor espírito» foi substituído pela diversão, pelo desporto, pela entretenimento dos *media* e das viagens, pela velocidade da informação. Dinâmica do desencanto que encontra na cultura-mundo – a da imagem, do corpo, do consumismo – a sua origem quase directa.

    O processo de dessacralização também não poupa a esfera literária. Já não é nos romances nem no teatro que os jovens encontram os seus modelos, mas nos filmes, nas ficções audiovisuais, nos estádios, no *show-business*: em grande parte, a imagem e a música tomaram o lugar principal que era o da literatura. A cultura do verbo cedeu o seu lugar ao culto do ecrã: o tempo consagrado à televisão e à música ultrapassa em muito aquele que é destinado à leitura. Hoje, a leitura já não é uma actividade preferida por nenhuma categoria de jovens, os programas culturais na televisão são relegados para horários tardios e os apresentadores beneficiam de uma maior notoriedade que os autores. O tempo da cultura-mundo assinala-se pela queda do desejo e da autoridade simbólica da «grande» cultura.

A relação com as artes obedecerá também ao mesmo movimento de desvalorização? Não exactamente. Basta, para nos convencermos, observar o sucesso de massivo que se verifica nas grandes exposições. Quem é que ainda mergulha em Píndaro ou em Dante? Contudo, conta-se aos milhões os visitantes dos templos de Atenas e dos museus de Florença. Já não se lê os poemas do século passado, mas a ópera encontra sempre um público entusiasta ([28]). Isto não significa, contudo, que a nossa relação com as obras de arte se mantenha inalterada. Estas já não são contempladas com veneração no recolhimento e no silêncio, mas consumidas, engolidas no *bruá* das multidões turísticas comprimidas: a duração média de uma paragem em frente de uma obra de arte exposta num museu ou numa exposição é de 6 segundos; um quarto das obras não chama a atenção mais do que um segundo; uma décima parte não obtém mais do que 4 segundos de interesse. Manifestamente a relação com a arte também foi tomada pela órbita do hiperconsumo turístico para fins de diversão e de ocupação dos tempos livres. Da arte já não se espera uma elevação

---

[28] A taxa de ocupação média de lugares do Metropolitan Opera de Nova Iorque é de 88%.

espiritual mas uma recreação imediata e fácil, estímulos hedonistas em constante renovação.

É neste contexto que se levantaram virulentas sátiras contra o nosso relativismo cultural ao abolir todas as hierarquias, ao enobrecer as figuras *pop* – a universidade de Liverpool acaba de criar um mestrado intitulado «Os Beatles, música popular e sociedade» – colocando-se no mesmo patamar de Shakespeare e Stephenie Meyer, Bach e Eminem, pondo lado a lado uma gravura de Dürer e um *graffiti*. Porque tudo é cultural, tudo, a partir de agora, é válido: esta deploração encontra-se em muitos autores. Estará ela assente do mesmo modo? Duvido. Porque o facto está lá: raros são aqueles que julgam «iguais» as obras-primas consagradas pela História e os produtos contemporâneos da indústria cultural. De facto, coloca-se sempre num pedestal os grandes mestres, ainda que se lamente em relação à evolução da criação sob o ditame mediático-comercial. A duração da «contemplação» do público diante das obras de arte indica esta ausência de nivelamento: quanto mais as obras são contemporâneas menos tempo de paragem diante delas é importante. Obras incontestáveis, génios reconhecidos ao mais alto nível e separados por um fosso dos produtos-moda destinados ao consumo cultural corrente, este é o sentimento largamente partilhado pelo público hipermoderno.

Na verdade, não são os valores que se nivelam mas os próprios comportamentos culturais. Os grandes autores do passado são sempre honrados, mas já não são lidos, já não alimentam a vida do espírito. Estimamos as grandes obras, mas elas não suscitam nenhuma especificidade de comportamento, reina por todo o lado a facilidade e o imediatismo consumista. Aqui reside o traço marcante do nosso tempo: se a alta cultura não foi, de modo algum, deposta, ela não suscita menos a mesma atitude descontraída do que aquela que vigora no consumo dos produtos mais comuns. Triunfo do código do divertimento turístico-hedonista, triunfo da cultura-mundo até na esfera que não é a sua.

No momento da cultura planetária os apetites estéticos de muitos acentuam-se e democratizam-se através do turismo cultural, da frequência de museus, do gosto pelo património e pelas paisagens, da audição musical. Mas enquanto as massas turísticas circulam de uma ponta à outra do planeta à descoberta das obras-primas da humanidade, é a sua própria cultura que se torna estranha, misteriosa, opaca, tanto o presentismo da cultura-mundo teve sucesso ao dissolver os quadros milenares do nosso enraizamento cultural. Agora, pelo facto da forte descristianização da Europa, o que se poderá ainda compreender dos frescos romanos, das catedrais góticas, das pinturas religiosas da Renascença? Quanto mais os homens se mostram admiradores das obras do mundo (das artes primitivas aos santuários budistas, das pirâmides egípcias às ruínas maias) mais a sua própria herança cultural, religiosa em particular, se lhes torna ininteligível. Todas as estéticas do passado podem ser contempladas, mas nada faz verdadeiramente sentido: apenas resta o prazer turístico do hiperconsumidor «sem passado», exterior à sua própria história, ávido de emoções passageiras, de tudo e de nada. Vê-se tudo, mas não se compreende grande coisa, incluindo mesmo o que fizemos: é, assim, que se desenvolve em grande escala um consumo estético de massas «desculturadas».

A cultura-mundo é a que democratiza o acesso às obras de arte ao mesmo tempo que ela priva os indivíduos de referências do seu próprio passado cultural.

Não são apenas os indivíduos que são expropriados da sua cultura, é a própria grande cultura que, pouco a pouco, se encontra *dessubtancializada*, metamorfoseada num jogo sofisticado do espírito, numa esfera sem efeito real, sem veneração, sem grande investimento. Já não se vê ninguém morrer, pelo menos no Ocidente, por deuses ou por ideias: o importante está noutro lugar. Falando de obras de arte, Hegel já dizia que ela já não era «a manifestação íntima do absoluto». A mesma análise aplica-se, agora, à vida cultural em geral, que se tornou coisa secundária, *desabsolutizada*, nova espécie oximórica de acessório sério, de frivolidade essencial. E isto, no momento em que proliferam os museus, em que se comprometem as grandes batalhas da digitalização da biblioteca mundial, em que as vendas de obras de arte atingem tão altos valores como nunca se viu anteriormente.

Rumo a um mundo uniforme?

A segunda grande crítica da cultura-mundo sobre a qual gostaria de me debruçar traz a questão da cosmopolitização contemporânea e dos riscos de uniformização planetária que a acompanham. São muitas, com efeito, as vozes que se levantam contra um universo no qual os consumidores do mundo inteiro comunicam com os mesmos telefones, compram as mesmas marcas, comem os mesmos hambúrgueres, ouvem o mesmo tipo de música, vêem os mesmos filmes calibrados e as mesmas publicidades irradiando felicidade. Tudo isto sob um enorme domínio americano. Lembremo-nos que 85% de lugares de cinema vendidos em todo o mundo são para filmes hollywoodianos, 50% das ficções de televisão difundidas por cadeias europeias são importadas dos Estados Unidos, uma hora em cada três de programas televisivos na Europa é americana. A cultura-mundo é, assim, frequentemente denunciada como o império da homogeneização mundializada de produtos, de consumidores e de culturas sob o reino neo-totalitário da «coca-colonização», do McWorld, da disneyização [29].

É certamente inegável que as grandes marcas que se compram nos quatro cantos do mundo e que as multinacionais da cultura inundam o mercado mundial com os seus produtos. Não é menos verdade que paralelamente a este processo de uniformização está em marcha uma lógica de diversificação e de heterogeneização observável tão bem nos produtos como nos consumidores e nas atitudes individuais. Nunca tivemos tantos produtos e difusão de música, de filmes, de livros, de imagens, de estilos de todos os horizontes; nunca, como hoje, pudemos saborear tantas especialidades gastronómicas do mundo inteiro. Não será incorrecto dizer que a cultura-mundo gera comportamentos idênticos de uma ponta à outra do planeta: estamos no momento de uma primeira escolha mundializada que contribui

---

[29] Benjamin R. Barber, *Djihad versus McWorld*, Desclée de Brouwer, 1996. Igualmente, George Ritzer, *The McDonaldization of Society*, Thousand Oaks, Pine Forge Press, 1996.

para destandardizar as práticas e os gostos dos indivíduos cujos comportamentos são diariamente mais dissonantes, heterogéneos e ecléticos, multiculturais e mestiçados. O indivíduo hipermoderno dispõe de um leque de escolhas cada vez mais maior: utiliza produtos *high-tech*, mas também pode recorrer às medicinas tradicionais, pode ouvir *rap* e entregar-se à astrologia, fazer *jogging* com o seu iPod metido nas orelhas e praticar ioga, usar ténis Nike mas também as túnicas africanas, consumir *ketchup* e ser adepto das massagens chinesas, do *tarot* ou da meditação zen. Tudo coabita de uma maneira pletórica num imenso mosaico exuberante e fragmentário de produtos e de práticas, de culturas e de memórias históricas diversas.

Convém esclarecer como falsa a ideia segundo a qual a cultura-mundo é uma fábrica que está sempre a produzir uniformidade, que aniquila o diverso em benefício do Um mundializado, que apenas promove diferenças de pacotilha, de diferenças sempre mais idênticas. Inegavelmente, as diferenças entre as sociedades apertam-se, mas a diferenciação entre os indivíduos e os estilos de existência no próprio seio das sociedades aumenta. O caminho para a uniformidade transfronteiriça não se verifica sem a da diversidade crescente dos usos, dos sujeitos e dos gostos: ditadura do Mesmo global e espiral de diferenciações subjectivas andam lado a lado. A ideia que a «quantidade mundial das diferenças» está num plano inclinado apenas exprime uma das faces da realidade: a cultura-mundo faz-nos deslizar para o indiferenciado apenas exacerbando o princípio plural das variações individuais, da personalização--heterogeneização dos comportamentos, das maneiras de viver e de sentir.

Se a época hipermoderna é aquela que vê propagar-se uma cultura transnacional, consumida em todo o globo, não deve impedir, contudo, reconhecer os limites, as resistências, os obstáculos que encontra. Seja qual for o poder dos objectos e signos mundializados, as sociedades, os comportamentos, as maneiras de ser, de sentir e de consumir dos homens continuam modelados, mais ou menos, pela sua história, pela sua língua, pela sua cultura. Seria ingénuo acreditar que os fluxos transnacionais pudessem ter êxito na tentativa de dar um fim às diferenças de cultura, ao poder das «raças» nacionais e particularistas. As culturas aproximam-se, perdem a sua heterogeneidade: no entanto, as afirmações identitárias não deixam de ter o vento em popa. O que está em marcha não é uma unificação cultural mundial, mas versões múltiplas de uma mesma cultura-mundo assente no capitalismo e na tecnociência, no individualismo e no consumismo.

Os fenómenos que concretizam os limites da cultura-mundo são numerosos. A começar pela persistência do particularismo das nações. O mesmo planeta que se unifica é também o mesmo que vê multiplicar-se os micro-nacionalismos secessionistas assim como a nova expansão dos Estados: contava-se 51 em 1945 e 192 em 2008. Evidentemente, a força social da cultura mundializada não teve sucesso para deslegitimar a ideia e o valor da nação. De resto, é provável que esta tendência venha ainda a desenvolver-se na medida em que as forças transnacionais suscitem por reacção a valorização da diferença e da identidade nacional, a fixação ao território e à memória como maneira de afirmação de si. A cultura-mundo não anuncia a era do pós-nacional, mas a fragmentação geopolítica e uma multidão de Estados assim como a emergência de novas grandes potências políticas (China, Índia, Rússia, Brasil). Progresso da cultura-mundo e reafirmação de particularismos nacionais são inseparáveis.

O outro grande fenómeno que ilustra os limites da cultura-mundo é o que se costuma chamar, agora, não sem equívocos, como «o regresso do religioso». A cultura-mundo é tudo excepto geradora de materialismo generalizado, na medida em que faz repercutir as espiritualidades como resposta ao mal-estar de uma época estruturalmente desorientada e ansiogénica. Vemos os mesmos filmes, mas a diversidade de crenças e de dogmas perdura. Há, sem dúvida, hoje em dia, convergências: desterritorialização e desinstitucionalização das religiões, multiplicação dos empréstimos, nomadismo espiritual, individualização das crenças. O budismo traz, agora, a marca do protestantismo e o cristianismo tende a incorporar as técnicas de meditação orientais. Na era da cultura-mundo, um árabe já não é necessariamente um muçulmano e um italiano católico. São muitos os fenómenos certamente novos, mas que não eliminam, deste modo, as diferenças teológicas e a revitalização das diversas memórias religiosas [30]: as formas da religiosidade podem aproximar-se, as identidades da religião continuam diferentes.

A língua assinala também os limites da cultura planetária. Segundo os linguistas, cerca de 7000 línguas

---

[30] Danièle Hervieu-Léger, *La religion pour mémoire*, Cerf, 1993.

são actualmente faladas no mundo e 2500 entre aquelas que estão ameaçadas. Alguns especialistas avançam que no decorrer do nosso século 50% a 90% das línguas desaparecerão. Mas isto não é sinónimo de um rumo para a unificação mundial das línguas. Podemos usar os mesmos *jeans* em todos os continentes e ouvir os mesmos CD mas iremos querer falar na língua materna. Obviamente, iremos ver desenvolver-se fenómenos como o *hinglish*, uma amálgama entre o hindu e o inglês: mas esta hibridação linguística não excede apenas os limites da publicidade, do cinema destes últimos quinze anos, os meios «ligados» às grandes metrópoles indianas. Mesmo se o *global english* tem tendência para se afirmar como língua internacional, não é o inglês que ameaça realmente a diversidade linguística, mas as línguas regionais que se impõem em detrimento das «pequenas» línguas: é, por exemplo, o suaíli que coloca em perigo as dezenas de línguas faladas na Tanzânia. E nada está fixo: porque as línguas são vivas, algumas morrem, outras nascem ou se reforçam como se vê em algumas regiões do globo (Catalunha, País Basco). Algumas línguas vão desaparecer, mas as centenas ou milhares de «grandes» línguas que irão permanecer no mundo são objecto de um forte investimento enquanto vectores identitários de grupos e de indivíduos desejosos de valorizar a sua diferença.

    O mesmo se passa com a cozinha. Obviamente, a Pizza Hut ou o McDonald's servem os seus pratos em todos os cantos do planeta e a moda é a cozinha «fusão» ao misturar pratos e sabores de diferentes regiões do mundo. E os novos modos de alimentação mais ricos em calorias estão na origem, na Ásia, na América Latina, em África, da evolução alarmante da obesidade que, há bem pouco tempo, dizia apenas respeito aos países desenvolvidos e em primeiro lugar os Estados Unidos da América[31]. Mas estas inegáveis convergências não devem fazer perder de vista que se continue a comer pratos «nacionais» muito específicos segundos os países: a alimentação chinesa continua chinesa, como a da Itália continua italiana e perfeitamente reconhecível. Na Europa, o interesse aumenta pelas cozinhas de países e de tradições culinárias locais. Os hábitos alimentares, os gostos, as receitas de cozinha e mesmo os produtos alimentares vendidos nas prateleiras dos supermercados dos diferentes países não se tornaram parecidos. O fenómeno é tão pregnante que um dos grandes emblemas da mundialização, o McDonald's, começou a comercializar os seus menus adaptando-os aos hábitos e aos gostos locais. A unificação gastronómica mundial é apenas uma miragem.

De uma maneira mais geral, são os produtos que implicam uma dimensão estética que mantêm a influência dos particularismos culturais. Na China, as mesmas mulheres que se vestem com as marcas europeias usam, por ocasião das festas, casamentos, recepções oficiais, o vestido tradicional *qipao*. A Índia apropriou-se do cinema, uma invenção europeia, mas adaptou-o ao seu imaginário, aos seus mitos, à sua cultura milenar; podemos ver as estrelas e os manequins *sexy* e cosmopolitas a usar saris modernizados; o *bindi* tradicional

---

[31] O excesso de peso toca presentemente cerca de um quarto da população chinesa.

na testa está sempre em uso, embora fosse transformado em acessório de moda. Os indianos preferem os filmes produzidos por Bollywood aos de Hollywood: no ano de estreia de *Titanic*, as receitas de bilheteira dos filmes americanos na Índia apenas representaram 4% do mercado. Todos os países se apaixonaram pela adaptação televisiva de *Ramayana* e de *Mahabharata*: cerca de 80% da população seguiu todos os domingos os episódios da reescrita «mito-electrónica» da sua história milenar [32].

Em França, o sucesso de *Bienvenue chez les Ch'tis* [*Bem-vindo ao Norte*, em Portugal], focado no local, quase igualou o de *Titanic*. No Brasil, as telenovelas brasileiras têm um sucesso considerável e a produção musical nacional domina 90% o mercado local. A versão *hip-hop* que domina a música coreana (com a sua revolta contra a rigidez da sociedade coreana) está longe do *gangsta rap* americano: as vendas relacionadas com estes grupos musicais locais representam 70% do total. Se é verdade que as indústrias culturais americanas dominam o mercado mundial, isto não significa que todas as culturas estejam em vias de americanização. É necessário observar que as línguas, a literatura, as religiões, a história, as tradições artísticas não param de se reconstituir a partir da diferença cultural, da «indigenização» nas produções como nas maneiras de ver, de se comportar e de sentir.

É neste quadro que se multiplicam as formas de expressão cultural híbridas ao misturar as diferentes

---

[32] Jackie Assayag, *La mondialisation vue d'ailleurs. L'Inde désorientée*, Seuil, 2005.

culturas do mundo. Para demonstrar o crescimento da *world music* fundem-se ritmos modernos e ritmos tradicionais, instrumentos eléctricos e instrumentos antigos, misturam-se ritmos de origens diversas, produz-se uma hibridação do *jazz* e do samba, do *raï* argelino e do *blues*, da música indiana e do *rap*, do flamenco e do *rock*. Para demonstrar ainda estas formas híbridas temos as *mangas* japonesas, os folhetins egípcios ou as telenovelas brasileiras e mexicanas, fruto do encontro do modelo americano e das realidades culturais locais. As mestiçagens, igualmente, dos modelos alimentares que testemunham, por exemplo, os restaurantes vietnamitas, indianos, paquistaneses implantados nas cidades ocidentais. Mesmo o universo da beleza feminina regista um processo de «glocalização» [33] ao combinar os cânones estéticos ocidentais modernos (silhueta elegante e desportiva, *sex-appeal*, rosto magro, nariz fino) com modelos plurais, étnicos, etnochiques. Na cultura-mundo coabitam produtos formatados e produções «crioulizadas» feitas a partir do cruzamento de todas as correntes e estilos do mundo: a globalização não produz somente o homogéneo, ela marca a hibridação do global e do local, ao misturar o cosmopolita e o vernacular [34].

---

[33] Este conceito foi forjado por James Clifford para que os signos e os modos de vida propagados pela «cultura mundial» sejam sempre objecto de uma adaptação ou de uma reinterpretação relacionado com as culturas locais. Cf. James Clifford, *The Predicament of Culture. Twentieth Century Ethnography, Literature and Art*, Cambridge (Mass.), Harvard University Press, 1988.

[34] Arjun Appadurai, *Après le colonialisme. Les conséquences culturelles de la globalisation*, Payot, 2001.

De todos os lados, os particularismos empregam-se para se exprimir e para se glorificar; enquanto afirmam a necessidade das «raízes» e a valorização da herança cultural e religiosa, procura-se por todo o lado os meios que assegurem o orgulho nacional. Quanto mais se consome a cultura americanizada, mais as reivindicações identitárias e as procuras da diferença cultural ganham relevo: a mundialização combina cosmopolitismo e celebração do vernacular. Quanto mais os indivíduos participam na cultura-mundo, mais comprovam a necessidade de defender as suas identidades cultural e linguística. No tempo da cultura-mundo, ser si mesmo já não é negar, mas reivindicar o seu passado, uma história, a herança colectiva. Ponto de tendência única à uniformização do mundo, mas uma revitalização de culturas destinada a opor o sentimento de desapropriação de si e reforçar as identidades colectivas. O cosmopolitismo da cultura mundializada não põe fim aos particularismos vernaculares, contribui para lhe voltar a dar uma nova legitimidade, um novo valor emocional e identitário enquanto maneira de assegurar a estima de si, de colocar em relevo as identidades particulares num mundo transnacional.

A gestão das empresas multinacionais não tem mais sucesso do que o *mass market* para formar profissionais internacionais estandardizados, libertos de toda a forma de cultura de origem. Vemos, sem dúvida, desenvolver-se uma nova elite transnacional, uma «classe global» feita de quadros e gestores móveis, adaptáveis, diplomados, por toda a parte à sua vontade, falando várias línguas estrangeiras, partilhando os mesmos hotéis e os mesmos lazeres, formados nos modelos de gestão anglo-saxónica.

Contudo, numerosos estudos mostram que estas elites altamente qualificadas e comprometidas no universo da competição internacional continuam ligados ao seu país de origem e podem reivindicar as suas raízes, a sua história, de outros sistemas de valor do que a grande empresa mundial. Se a relação com a profissão é ocidentalizada, outras dimensões da sua identidade remetem para especificidades nacionais e étnicas. Apesar da sua mobilidade, da aquisição de padrões «universais» de gestão e de racionalidade, de internacionalização de carreiras, os gestores e especialistas globais continuam a identificar-se com a comunidade à qual pertencem, a manter relações estreitas com a sua nação de origem [35]. A internacionalização da economia e a grande empresa multinacional não apaga, de modo algum, os particularismos culturais e os enraizamentos étnicos, fazem-no coabitar com a cultura da racionalidade instrumental numa diversidade, numa heterogeneidade de estratégias identitárias [36]. No seio das empresas globais, a lealdade étnica e as identidades nacionais são certamente mais

---

[35] Contudo, este fenómeno não está generalizado. As elites de origem estrangeira da Silicon Valley, animadas por um individualismo competitivo e meritocrático exacerbado, mostram-se pouco inclinadas a reivindicar as suas raízes identitárias. Cf. Marc Abélès, *Les nouveaux riches. Un ethnologue dans la Silicon Valley*, Odile Jacob, 2002, pp. 52-60.

[36] Philippe Pierre, «Mobilité internationale des élites et stratégies de l'identité», *Revue européenne des migrations internationales*, vol. 19, n.º 1, 2003. Saskia Sassen evoca as «classes globais parcialmente desnacionalizadas», não necessariamente cosmopolitas, ocupando uma posição intermediária e ambígua entre o nacional e o global, cf. *La globalisation. Une sociologie*, Gallimard, 2009, pp. 173-198.

fracas, mas estes elementos permanecem como forma de reapropriação das suas origens, fonte de segurança e de valorização, meio de ser actor do seu destino. O objectivo da gestão cultural é fazer compreender e de levar em conta esta diversidade cultural no sentido de optimizar os recursos humanos da empresa.

A experiência migratória ou de diáspora ilustra da mesma maneira os limites da cultura planetária. A maioria dos emigrados investe na manutenção de relações estreitas com os membros da sua família enviando-lhe regularmente dinheiro, falando mais ou menos regularmente com eles por telefone; eles continuam ligados ao seu lugar de origem ao mostrarem-se solidários com os novos candidatos à emigração, mas também ao continuarem fiéis aos seus modos de consumo alimentar, às suas maneiras de vestir, à sua estética de interiores por vezes reconstituída de uma forma *kitsch*. Como escreve Fariba Adelkhah, os migrantes «partem sem abandonar» uma vez que persistem os enraizamentos culturais, os rituais identitários, as relações sentimentais com a mãe-pátria [37]. Aqueles que têm êxito economicamente testemunham igualmente a sua ligação à terra natal nomeadamente pelas doações, pelos investimentos energéticos ou económicos na região de onde provêm [38]. As diásporas não estão em estado de leveza social e cultural, elas definem-se prioritariamente pela

---

[37] Fariba Adelkhah, «Partir sans quitter, quitter sans partir», *Critique internationale*, n.º 19, 2003.
[38] Fariba Adelkhah, «Le retour de Sindbad. L'Iran Dans le Golfe», *Les Études du CERI*, n.º 53, Maio de 1999.

sua consciência nacional [39], por vezes pela sua pertença local ou regional. Pode-se mesmo observar, em alguns migrantes, um «nacionalismo à distância» [40] – que ilustram nomeadamente os movimentos arménios, curdos, tâmiles do Sri Lanka, croatas, sikhs – em que os sentimentos nacionalistas das comunidades expatriadas são mais radicais do que as dos seus compatriotas que ficam «no país».

A cultura-mundo não coloca um fim aos sentimentos nacionais como às territorialidades urbanas. Os migrantes hipermodernos desenham nas metrópoles ocidentais territórios, bairros, redes, encontram-se em bolsas de aglomerados e em espaços ocupados, instalam bares e restaurantes exóticos, traçam circuitos transnacionais de migração. Desenvolvem-se por todo o lado bairros multi-étnicos e multi-religiosos, lugares «glocais» e transnacionais. Ao mesmo tempo que desterritorializa os mercados, as imagens e os homens, a cultura-mundo recompõe redes sociais assim como novas formas de territorialização transnacional [41]. Criadora de «não--lugar», a cultura-mundo é igualmente produtora de fortes socialidades espacializadas que testemunham ainda, no ponto mais alto da escala social, os *gated communities* e, «no mais baixo», os bandos de jovens

---

[39] Abdelmalek Sayad, *La double absence. Des illusions de l'émigré aux souffrances de l'immigré*, Seuil, 1998.

[40] Benedict Anderson, *The Spectre of Comparisons: Nationalism, Southeast Asia, and the World*, Londres/Nova Iorque, Verso, 1998. Igualmente, Alain Doeckhoff e Christophe Jaffrelot, «La résilience du nationalisme face aux régionalismes et à la mondialisation», *Critique internationale*, n.º 23, Abril de 2004.

[41] Jean-François Bayart, *op. cit.*, pp. 180-195.

que se disputam e defendem «territórios» nos quais se confrontam.

A cultura-mundo coincide com o advento da sociedade da informação e da comunicação dominada pela América. Mas deve observar-se que as populações do Terceiro Mundo ou as diásporas intercontinentais estão longe de aderir às informações veiculadas pelas redes ocidentais. As mesmas informações não são interpretadas da mesma maneira por todas as populações do planeta, as culturas identitárias funcionam como várias lentes diversas que filtram o real. As imagens difundidas pela CNN na altura da guerra do Golfo ou depois do 11 de Setembro de 2001 foram recebidas diferentemente no Norte e no Sul; as imagens dos confrontos militares no Líbano e em Gaza ganham um sentido diferente para muçulmanos e para judeus. A cultura-mundo não é uma «aldeia global» uniforme: quanto mais há informação internacional, mais as de origem americana são contestadas, rejeitadas, sentidas como imperialismo cultural por várias populações do Oriente e de África. É neste contexto, que a cadeia de informação contínua Al-Jazeera tem por objectivo dar uma representação dos conflitos internacionais mais próxima da sensibilidade árabe que a das grandes cadeias ocidentais, de responder às expectativas dos muçulmanos que não se reconhecem na oferta mediática existente dominada pela América. Ponto de desaparecimento de distâncias culturais, mas um ressentimento crescente para com o Ocidente e com a América em particular; o desaparecimento de fronteiras pelas redes de comunicação não elimina, de modo algum, as incompreensões e os ódios, as percepções particularistas do mundo, as sensibilidades divergentes ligadas às identidades culturais.

A *vingança da cultura*

A persistência das diferenças culturais vai muito para além destes fenómenos: ela exprime-se muito particularmente nas novas formas de violência e de confronto que acompanha a globalização. No regime hipermoderno já não se pode apreender a cultura unicamente como um conjunto de sistemas simbólicos que reúnem e unificam os homens[42], uma vez que ela aparece também como uma força de divisão provocando conflitos e diferenças de fundo. Estes lêem-se, no globo, nas novas guerras comunitaristas, nos massacres e nas limpezas étnicas, nos fanatismos terroristas, nos integrismos religiosos e noutros fundamentalismos. Um pouco por todo o lado, as violências que se desencadeiam no mundo e que acompanham o fim da divisão em blocos e o enfraquecimento das estruturas étnicas estão carregados de componentes culturais e étnicos, religiosos e nacionais. Quanto mais a trajectória do mundo depende dos mecanismos do mercado, mais as exigências cultural-identitárias se inflamam. Ainda que não seja evidente a única cultura que está na base destes conflitos, ela aparece como um factor cada vez mais susceptível de ser instrumentalizado e de intensificar as origens clássicas dos antagonismos que agitam o mundo, como os desafios geopolíticos, os interesses económicos, as relações de poder, as ambições políticas.

---

[42] Na cultura-mundo, dois fenómenos levam ao seu último ponto esta dimensão unificadora: os movimentos humanitários, por um lado, o «património universal da humanidade» promovido pela Unesco, por outro.

Certamente a ideia de «guerra das civilizações» não é justa porque não dá conta do facto de que a maioria dos conflitos se desencadeia não entre civilizações mas no próprio seio destas (guerra Irão-Iraque, guerra civil no Sri Lanka, violências etnocidárias no Ruanda ou nos Balcãs)[43]. Com efeito, esta tese contém alguma verdade, os factores «culturais» têm, de facto, um papel principal nos antagonismos colectivos contemporâneos. A este respeito, é necessário observar que a era da globalização hipermoderna não significa o «fim das ideologias» ou o «fim da história» marcada pela lógica dos interesses materiais e de consumo: o antiamericanismo propaga-se, há por todo o lado lutas e guerras, excomunhões, massacres comandados por mitologias nacionais, cruzadas morais, retóricas da autenticidade, neo-messianismos, ideias de pureza religiosa e étnica. A cultura-mundo tem feito menos desaparecer do que reaparecer, sob novos traços, o reino do imaginário ideológico, religioso e identitário.

Mesmo nas democracias avançadas, a cultura funciona como uma esfera altamente polémica. A prová-lo, as novas querelas em volta da laicidade, das guerras memoriais, das reivindicações linguísticas, do direito ao exercício das seitas. A isto pode juntar-se os confrontos éticos relativos à eutanásia, ao aborto, à procriação artificial, às manipulações genéticas, à legalização das drogas, à adopção de crianças por homossexuais, à castração química ou física dos perversos sexuais. Como

---

[43] O antiamericanismo não surgiu mais no choque de civilizações, ao estar em vigor não somente em terras do islão, mas também na Europa e na América Latina.

é evidente, a cultura ganhou uma nova centralidade polémica, ela tende a impor-se como um factor de divisão social, um palco permanente de conflitos, não sem ressonância política. Enquanto se espalha o «horror económico», vemos afirmar-se, paradoxalmente, as questões culturais no seio das tensões colectivas: esta época testemunha a subida em força das interrogações e das dissensões éticas, das questões e afirmações culturais que reorientam cada vez mais a vida colectiva em volta dos temas da memória e da etnicidade, do reconhecimento e da diferença culturais. Isto é o que se poderia chamar como a vingança da cultura.

Vamos ver uma ressurgência tradicionalista. Nas nossas regiões, a vingança da cultura não é outra coisa senão uma nova etapa no processo de democratização e de individualização ao investir no domínio dos «valores» agora destradicionalizado, entregue aos debates livres e contraditórios, às interrogações individuais e colectivas no momento em que a Igreja já não decreta soberanamente o que é o bem e o mal. Valores éticos, identidades colectivas, memórias: mais nada, num mundo secularizado hipermoderno, é evidente, nenhuma instituição será capaz de impor uma visão do mundo e um sistema de valores incontestado, nada mais escapa aos processos em causa, às reivindicações cada vez maiores do reconhecimento dos diferentes grupos. Vingança da cultura que traduz igualmente os danos de um mundo consumista hipertrófico incapaz de dar um sentido à vida. Isto é encorajante. É a prova de que o consumismo não conseguiu vencer a integralidade das aspirações humanas: seja qual for o poder da febre de aquisição, os homens não perderam a sua capacidade de indignação moral, a sua vontade de fazer ganhar as causas justas, de se definir por outra coisa do que pela relação com as marcas, com as viagens, com os divertimentos comerciais.

A vingança da cultura não jogou ainda, longe disso, todas as suas cartas. Mesmo que seja ilusório acreditar numa superação da cultura-mundo comercial, ainda assim é uma cultura que se procura através do desenvolvimento sustentável, a denúncia das loucuras financeiras e das desigualdades extremas, mas também as diversas buscas de sentido. Para avançar nesta última via, a acção política e o desenvolvimento técnico-económico não serão suficientes. Temos necessidade de um regresso cultural no sentido de mais bem compreender onde estamos e escapar à imediaticidade do superficial e do espectacular.

A hipermodernidade é o tempo que funciona com a desregulação, com a desinstitucionalização, com a profusão. A consequência é a diluição de todos os pontos de referência e da relação com o mundo, uma perda de confiança nas grandes instituições, uma incerteza generalizada. Seja a clivagem direita-esquerda, a ideia de progresso, a mundialização, a economia liberal, a técnica, os *media*, a alimentação, a educação, a arte, nada mais escapa ao princípio hipermoderno de desestabilização das coordenadas tanto maiores como menores. É, assim, que o mundo da cultura-mundo tende a tornar-se indecifrável, confuso, caótico: o homem da cultura-mundo já não tem autoridades superiores, nem lentes, nem bússolas para o guiar. Até agora, a cultura era o que fornecia os quadros simbólicos permanentes à vida dos homens, o que dava sentido à experiência do mundo, da vida e da sociedade. Já não é assim: sob vários aspectos, é o inverso que está em marcha. A cultura-mundo aparece como o que desapropria os indivíduos das chaves da inteligibilidade do seu universo. Ela já não ilumina o que está e o que vem nem fixa já os limites: ela desestrutura o que antes enquadrava o pensamento da vida. A cultura construía um mundo familiar e comum; a hipercultura torna-a estranha a nós mesmos no momento em que as distâncias se aproximam, em que a informação prolifera, em que tudo está à distância de um clique. Quanto mais o indivíduo se torna responsável por si mesmo, mais ele está desorientado, privado dos meios que lhe permitam viver num mundo compreensível.

Donde a tarefa primordial que nos incumbe de ajudar os homens a reconquistar um mundo menos opaco, mais «habitável». Voltar a dar-lhes poder sobre o que eles vivem. É nesta óptica que se impõe a necessidade de dispor de uma *cultura geral* da qual é necessário claramente repensar o conteúdo e redefinir os seus contornos. Tudo neste sentido está por fazer, a cultura geral à antiga não está à altura do desafio. Uma cultura geral que é necessário definir como *cultura de história* dando as grandes linhas de força, as referências estruturantes, as evoluções pesadas do futuro humano e permitindo, ao fazer-se, compreender melhor o mundo no qual evoluímos. Quando o religioso e o político já não dirigem soberanamente os espíritos, cresce a necessidade de pôr em relevo as grandes matrizes da aventura humana, as principais descontinuidades, as grandes revoluções do saber, das mentalidades e das artes. Quanto mais triunfa o curto prazo da informação, mais temos de privilegiar o eixo da longa duração, da profundidade do tempo histórico para combater a ilegibilidade do presente, fonte de desordem e perturbação em si.

O que temos de esperar da cultura não pára aí. Temos também de mobilizar as faculdades activas do indivíduo, dar aos talentos criativos a possibilidade de exercer em todos os domínios da actividade humana, as mais altas e as menos altas. Este poderá ser o novo sentido e a nova função da cultura: fazer contrapeso ao império do consumo passivo ao abrir as potencialidades do imaginário. Identifica-se muitas vezes a cultura com as obras-primas da humanidade que, desafiando o tempo, permitem a formação e a elevação do espírito. Esta aproximação – por muito legítima que ela seja – não é suficiente. A cultura, mais largamente, no plano antropológico, é o que institui os mundos simbólicos e imaginários, constrói o ser humano ao impor-lhe regras, ao fixar-lhe objectivos e uma hierarquia de valores. Uma das consequências desta aproximação é que a cultura, antes mesmo da sua alta missão espiritual ou intelectual, não pode ser afastada de uma tarefa de formação humana mais global. Nesta perspectiva, é necessário colocar a cultura como o que deve abrir os horizontes de todos, estimular as grandes paixões, fornecer os projectos que não se reduzem ao consumo.

Tal deveria ser a grande ambição humana-social da escola: não simplesmente adquirir os saberes fundamentais e frequentar as obras imortais, mas encorajar os desejos de criação, as paixões activas em todos os géneros, estimular os múltiplos potencias dos jovens nos domínios mais variados: desenho, vídeo, música, mas também no trabalho, na empresa ou na acção filantrópica. No tempo da cultura-mundo, é ingénuo esperar a deferência das singulares virtudes da alta cultura. É, sem dúvida, útil, talvez necessário, mas certamente não suficiente. A missão superior da escola e da cultura é a de dar ferramentas que permitam aos homens superar-se, de ser «mais», de cultivar as suas grandes e activas paixões, o seu imaginário criativo seja qual for a esfera de acção e de criação.

Já não se trata unicamente de exaltar o «valor espírito», mas de desenvolver uma formação inicial que leve os homens a viverem por outra coisa para além do consumo efémero e tentacular. No tempo da sociedade do hiperconsumo, isto poderia constituir uma outra figura da vingança da cultura, uma figura positiva voltada para o futuro e consagrando uma mais elevada ideia do homem: comprar marcas e renová-las continuamente não está à altura do que devemos esperar da vida e do homem. Mais do que nunca, a nossa época espera transformações do sistema educativo que permitam dar referências estruturantes, abrir o espírito e a existência às dimensões mais diversas e mais ricas, promover a estima por si através de actividades que incitem os homens a superar-se, a serem actores da sua própria vida.

Os recursos da cultura são consideráveis e mais necessários do que nunca para civilizar a globalização e os nossos modos de existência. Se a dinâmica da mundialização escapa em grande parte ao domínio voluntário dos homens, a cultura educativa continua a ser o domínio no qual a nossa decisão é considerável, onde imensas margens de manobra existem: aqui, muito há a mudar, a imaginar, a inventar para reorientar a vida rumo a outros horizontes. Uma bela e positiva vingança da cultura face à mecânica largamente incontrolável dos fluxos financeiros.

Mundialização e ocidentalização

As reafirmações identitárias, a reinvenção das tradições e as diferentes mestiçagens culturais não assinalam unicamente os limites da uniformização-americanização do mundo, exprimem igualmente, com outros fenómenos, os limites da antiga hegemonia do Ocidente. Este beneficiou durante muito tempo de uma supremacia absoluta nos domínios científico e tecnológico, económico e militar, colonizou continentes inteiros ao atribuir-se uma missão civilizadora de ordem universal. Já não estamos aí, a Europa já não pretende ser o agente superior da civilização universal. A União Europeia é, sem dúvida, a primeira potência comercial do mundo. Mas dividida e entravada por um funcionamento burocrático, mostra-se nesta altura incapaz, nas relações internacionais, de ser um actor principal dotado de instrumentos de força política e militar. O Velho Continente seduz pelo seu modo de vida e pelos seus valores democráticos, mas a sua capacidade para pesar os negócios do mundo continua fraca. Quanto ao estatuto de hiperpotência da América, eis que é abalado devido aos novos centros de poder económico e político [44], da sua incapacidade para estabilizar o

---

[44] Vamos, no entanto, interpretar o desenvolvimento das novas potências como sendo o sinal do início do declínio inegável dos Estados Unidos. Segundo Goldman Sachs, a parte dos Estados Unidos, do Canadá e do México no PIB mundial será de 23% em 2050. Uma posição próxima da parte dos Estados Unidos em 1960 (26%) e em 1980 (22%), citado por Michael Lind, «Le mythe du déclin américain», *Le Débat*, Setembro-Outubro, 2008, p. 93.

capitalismo mundializado, do seu modelo económico sustentado no sobreendividamento e na especulação excessiva, pelo facto ainda do seu profundo envolvimento nas guerras do Iraque e do Afeganistão. A novidade é que o Ocidente já não lhe leva unicamente a si a modernidade económica e tecnológica: a grande velocidade, o centro do capitalismo mundializado balança para a Ásia. Quando triunfa a cultura-mundo, o Ocidente já não é o centro da economia-mundo: o tempo do seu *leadership* absoluto e incontestado chegou ao fim.

Incapaz de responder unicamente pelos seus meios ao choque do sismo de 2008, incapaz de superar as ameaças terroristas, a proliferação nuclear, a grande criminalidade económica e financeira, incapaz de controlar os fluxos de imigração – 500 000 pessoas entram ilegalmente todos os anos nos Estados Unidos da América – a maior potência do mundo não pára de mostrar a sua dependência financeira e económica em relação ao resto do mundo (particularmente a China) assim como a sua impotência para regular o caos generalizado típico da época hipermoderna. No tempo da cultura-mundo, o *leadership* do Ocidente conduzido pelos Estados Unidos chegou ao seu termo e o seu poder de se impor como modelo a toda a terra está corroído.

A perda de centralidade do Ocidente está muito para além do domínio económico: vai até ao plano das representações, das ideias e dos valores. Enquanto assistimos à glorificação das culturas etno-identitárias, exprime-se aqui e ali a hostilidade contra a arrogância da América, o desprezo pelos seus valores materialistas insignificantes, a aversão em relação aos seus costumes sexuais «decadentes». O «sonho americano» está longe de ser, em todo o lado, caduco, mas nunca o ressentimento contra a América foi tão virulento. Irradiava promessa de emancipação e de bem-estar: ei-la desacreditada e odiada (não sem ambivalência), assimilada como está a uma potência imperial que se concentra em ganhar partes do mercado e a impor os seus valores – os direitos do homem e a democracia liberal – através de guerras, pela imposição de medidas económicas brutais via FMI e Banco Mundial, pela colonização cultural e pelo apoio a Israel. A cultura-mundo significa o triunfo do espírito capitalista mas segue, ao mesmo tempo, lado a lado, com o ódio aos Estados Unidos da América que incarnam ao mais alto grau. Uma repulsa cultural e política que permanece profundamente ambivalente, o antiamericanismo podendo coabitar com o desejo de refazer a sua vida no Novo Continente, a atracção dos seus produtos culturais, o fascínio em relação às suas riquezas e aos seus direitos políticos e individuais.

Obviamente, por agora, a supremacia americana em matéria de indústrias culturais é incontestável. Poderemos, contudo, pensar que será diferente amanhã à medida que novos grandes actores económicos se imporão nas grandes trocas internacionais. O Japão é já o segundo exportador de produtos culturais e alguns países – Índia, México, Brasil, Egipto, Hong Kong – obtêm importantes resultados nos seus mercados regionais vizinhos. A China tornou-se o terceiro exportador mundial de produtos culturais e a Índia, a segunda indústria cinematográfica do mundo. As novas redes mundiais de informação rivalizam com a CNN. A época em que mundialização rimava com americanização ficou para trás: com a subida dos novos gigantes da economia e com o advento de um mundo multipolar, o futuro da cultura-mundo anuncia-se aberto e a sua configuração policentrada.

A evolução das aspirações e referências culturais no Ocidente ilustra de uma outra maneira a erosão da crença na superioridade da cultura ocidental e das suas pretensões em servir de modelo a todo o planeta. A imposição imperial das nossas normas aos «outros», sucede da importação de fora e dos seus elementos culturais no nosso seio: o Ocidente contemporâneo descentra-se, pluraliza-se ao integrar tradições julgadas outrora inferiores ou antinómicas com os seus valores. Assiste-se, assim, a uma orientalização e mais largamente a uma «sulificação» da Europa e da América. O *western*, género especificamente americano está em vias de extinção; pelo contrário, o budismo atrai um número crescente de adeptos ocidentais; o ioga e as meditações orientais estão a florescer; a estética japonesa remodela a decoração dos apartamentos, das revistas, da arte culinária; bebemos chá nos restaurantes chineses e *saké* nos restaurantes de *sushi* de Paris e de Nova Iorque. A cultura ocidental só triunfa ao perder a sua centralidade de outrora, ao incorporar largamente o que vem de fora, ao parar de aparecer como o único modelo legítimo de exportação.

Donde a ideia, frequentemente avançada, do fim do Ocidente como centro de referência do mundo hipermoderno e de uma nova modernidade que a sua hibridação destacaria do molde ocidental originário. Mas será que o desaparecimento do eurocentrismo é a desocidentalização do planeta? As correntes anti--ocidentais, as reactivações identitárias, as hibridações culturais assinalarão uma ruptura radical, o nascimento de um novo mundo pós-ocidental? Uma outra leitura da mundialização parece-me mais convincente. Para onde quer que se olhe, modernizar-se é sempre de uma certa maneira ocidentalizar-se, ou seja, transformar--se e reestruturar-se a partir de núcleos fundamentais da cultura-mundo procedentes da Europa. Em todos os continentes, o capitalismo impõe a sua lei à vida económica, as técnicas de produção e de comunicação são idênticas, as megalópoles e as arquitecturas são parecidas, o estilo de vestir internacional propaga-se; do Norte ao Sul dominam a ordem tecno-comercial, os valores consumistas, a individualização dos modos de existência que são os constituintes de fundo do Ocidente moderno. Não é uma visão etnocêntrica que reconhece que, devido à difusão planetária dos cinco vectores chave da cultura-mundo que são as invenções de origem europeia, a ocidentalização do mundo apenas se prolonga e se generaliza. Samuel Huntington escrevia: «Os ocidentais devem admitir que a sua civilização é única mas não universal» ([45]). Não concordo com esta interpretação: a civilização ocidental é única ([46])

([45]) Samuel Huntington, *Le choc des civilisations*, Odile Jacob, 1997, p. 17. [*O Choque das Civilizações*, tradução de Henrique Ribeiro, Lisboa, Gradiva, 1999.]

([46]) É necessário igualmente opor-se à tese de Bruno Latour contestando a radical diferença da civilização ocidental em relação às outras culturas. Seja qual for a proliferação de bricolages, de heterogeneidades, das misturas que acompanham o decurso da modernidade, a verdade é que as características estruturais que a definem instituem não uma simples «diferença de tamanho» e de «mobilização», mas antes uma ruptura absoluta à escala da história das sociedades humanas. Cf. B. Latour, *Nous n'avons jamais été modernes*, La Découverte, 1997.

e universal, mesmo se tudo nela, evidentemente, não seja universal.

É verdade que esta ocidentalização *estrutural* do mundo já não implica o alinhamento de todas as culturas pelos valores, imaginários e mitologias do Ocidente: aqui, as sociedades apelam à reislamização, ali ao hinduísmo, noutro lugar à sinização, à indianidade ou à africanidade. As potências autoritárias da Ásia adoptam o capitalismo, mas os seus sistemas políticos não garantem os direitos dos indivíduos, os quais constituem os princípios fundamentais dos regimes políticos ocidentais. Se as estruturas profundas de organização são comuns, as representações políticas, ideológicas e culturais não o são. A segunda mundialização combina capitalismo e iliberalismo, cosmopolitismo e indigenização, universalismo e particularismo, consumismo e «etnicidade», cálculo racional e neo-tradicionalismo. Neste sentido, estamos a lidar com uma modernidade plural ou, mais exactamente, diferenciada.

Contudo, não devemos perder de vista que, apesar da subida das idiossincrasias culturais, acentua-se, apesar de tudo, um processo de modernização idêntico em todo o planeta. Se há mistura de culturas, tudo não vem de um trabalho de hibridação: o que vale na ordem cultural propriamente dita não vale noutro lugar. Onde é que vemos uma qualquer mestiçagem no funcionamento financeiro, no trabalho científico, no universo tecnológico, nas práticas médicas? E o espírito de livre exame define-se por todo o lado pela mesma recusa dos argumentos de autoridade e do uso da razão individual. Pelo menos nestas esferas, a modernidade não tem nada de vernacular, ela funciona da mesma maneira seja qual for o ambiente cultural. Obviamente, a dinâmica da modernidade exerce-se sempre nas culturas particulares que lhe dão uma fisionomia sempre específica: é, assim, que houve sempre concepções e concretizações diversas da modernidade. A este respeito, a globalização e o descentramento do Ocidente que a acompanha apenas fazem abrir ainda mais o leque das interpretações culturais da modernidade. A verdade é que esta última se define por lógicas estruturais, por processos de transformação social-histórica (racionalização científica e técnica, diferenciação funcional, autonomização da sociedade, comercialização exponencial das actividades e modos de vida, individualização, etc.) idênticos em todo o globo. É por esta razão, em todo o rigor, que é mais justo falar de modernidades diversificadas do que de «modernidade mestiça» ([47]) ao privilegiar muito a dimensão dos conteúdos das civilizações.

Devemo-nos manter prudentes no uso da categoria de mestiçagem do mundo, que deixa fazer crer que o peso do passado milenar e dos conteúdos culturais reabilitados é equivalente ao das novas estruturas de funcionamento das sociedades. Esta perspectiva é eminentemente enganosa: são os factores modernos que determinam e orientam com muita força a face das sociedades na era da mundialização. Como observa V.H. Schmidt, o Japão contemporâneo tem mais pontos comuns com o Canadá ou com a Alemanha moderna do que com o Japão pré-moderno ([48]). Nos mecanismos

---

([47]) Jean-Claude Guillebaud, *Le commencement d'un monde. Vers une modernité métisse*, Seuil, 2008.
([48]) Art. citado.

de hibridação entre modernidade e tradição, as forças em jogo não são do mesmo nível, a troca é desigual. Não confundamos a organização de fundo com a retórica, o instrumento com a imagem, os axiomáticos estruturantes com as reactividades culturais particulares. A árvore não deve esconder a floresta: seja qual for o vigor das reactivações identitárias, são os vectores da cultura-mundo que, a longo prazo, perturbam com uma profundeza incomparável as sociedades do planeta e o reordenamento no mesmo sentido. O ressurgimento do rigorismo moral em terras do islão não impede, de modo algum, no Dubai ou em Abu Dhabi, os excessos do hiperconsumo propriamente ocidental, os alardes modernistas arquitecturais, as extravagâncias hoteleiras e turísticas, os excessos espectaculares, os mega--projectos culturais. Os iranianos podem queimar a bandeira americana, eles trabalham, no entanto, para se tornarem mestres da energia atómica; eles desprezam as Luzes, mas a feminização dos diplomas superiores acelera-se. E o neo-fundamentalismo pode bem brandir o anti-ocidentalismo ao exigir o regresso ao «verdadeiro islão»; não se trata de uma lógica de libertar o indivíduo da religiosidade tradicional ou habitual. Há, inegavelmente, processos de islamização, mas ainda mais profundamente modernização acelerada da sociedade, remodelação desta pelos princípios universais da cultura-mundo: a racionalidade, a eficácia, a individualidade. Será ingénuo acreditar que a incorporação das lógicas da cultura-mundo possa manter inalteradas as culturas de origem: pouco a pouco, invencivelmente, os modos de pensamento, de agir, de educar levarão a marca moderna e hipermoderna.

Na era hipermoderna, os povos unem-se ainda mais para exaltar as suas singularidades e reabilitar as suas raízes do que para se deixarem levar numa dinâmica de modernização e que, sem ofensa para os espíritos politicamente correctos, significa de uma maneira ou de outra ocidentalização do mundo. Trata-se de um fenómeno como a moda. É verdade que nos nossos dias as tradições não ocidentais são por vezes revisitadas por criadores de moda. Mas este regresso graças aos particularismos é apenas uma das faces de um fenómeno de uma outra amplitude, ou seja, a universalização do sistema da moda (colecções renovadas regularmente e cada vez mais rapidamente, estilistas, marcas, desfiles, *top models*, revistas), a qual nunca existiu na história antes da sua emergência no Ocidente[49]. Esta impôs ao mundo também a racionalidade tecnocientífica como a efemeridade sistemática das aparências: nenhum país escapa, agora, aos jogos e mecanismos da moda inventados pela Europa. Mesmo a beleza feminina e as suas normas ilustram este processo. A «glocalização» destas não deve fazer perder de vista que são, no entanto, cada vez mais, os padrões estéticos ocidentais relativos tanto ao rosto (grandes olhos, nariz «caucasiano») como ao corpo (elegância, erotismo das formas) que prevalecem sobre todos os outros critérios da aparência e que reorganizam as expectativas e as apreciações, as práticas individuais e as imagens mediáticas.

---

[49] Gilles Lipovetsky, *L'empire de l'éphémère. La mode et son destin dans les sociétés modernes*, Gallimard, 1987. [*O Império do Efémero*, tradução de Regina Louro, Lisboa, Publicações Dom Quixote, 1989.]

Não nos enganemos: as crispações identitárias contemporâneas operam menos uma restauração do poder da dimensão tradicionalista ou religiosa do que apresentam estratégias da Razão política moderna com as suas técnicas de instrumentalização em vista da potência secular. Para além das retóricas diferencialistas e dos furores anti-ocidentais, os princípios constitutivos da modernidade, inexoravelmente, ganham terreno. Nenhum povo, nenhuma nação está, a partir de agora, fora da dinâmica do Ocidente e da sua obra de destradicionalização. Quanto mais as tradições particularistas são brandidas ostensivelmente do exterior menos estas estão no seu interior; nunca o Ocidente foi tão vilipendiado, nunca foi tão «interiorizado» como linguagem, como aspiração e estrutura de fundo ([50]). A potência do Ocidente como entidade geopolítica recua ou relativiza-se, o modelo de organização e de vida que instaurou progride no mundo. A hipermodernidade designa não tanto o «declínio do Ocidente» mas este momento em que a planetarização dos princípios da modernidade inventados pela Europa provoca acentuações identitárias que aparecem como reacções perante as imensas desestruturações fomentadas pela cultura-mundo, como formas de se apropriar de uma exterioridade estrangeira sem renunciar à continuidade de si mesma ([51]). A «vitória» histórica do Ocidente não deve ser entendida como a de um conteúdo cultural particular, mas como a de uma *forma* – a racionalidade tecnocientífi-

---

([50]) Hélé Béji, «L'Occident intérieur», *Le Débat*, n.º 42, 1986.
([51]) Marcel Gauchet, *op. cit.*, p. 487.

ca, o cálculo económico, os direitos individuais – cuja significação e valor universal impuseram-se em todo o planeta, depois da sua aparição nesta região particular do globo. A ocidentalização que ganha, não é nem o ocidentalismo, nem a supremacia do homem branco, nem o *american way of life* erigido como modelo por todas as civilizações: é o processo de modernização--racionalização de todas as nações e das suas maneiras de pensar, de produzir e de agir seja qual for a intensidade das reactivações culturais, é a cosmopolitização da realidade planetária, a difusão mundial dos vectores universalistas constitutivos da idade moderna tal como a desenvolveu o Ocidente.

Cultura e Mundialização
Hervé Juvin

> *«É mais difícil ser de qualquer lugar do que ser do seu tempo.»*
>
> Pierre Jakez Hélias

Cultura. O meio de relação consigo, com os outros e com o mundo. Meio de se dizer ou de fugir. Meio de ser aqui e agora, ao mesmo tempo origem e projecto, palácio de vidro e estaleiro sem fim. O que faz a verdade, a que se diz e a que não se diz, o que faz com que os mesmos se reconheçam. Entre o que um faz e o que faz o outro. Fonte das sociedades humanas, na sua singularidade, no seu diálogo e na separação que permite a paz.

Cultura. O que a mundialização quer ser, como o seu meio mais essencial. Porque é a partir daí que tudo se apreende e que tudo existe. Porque o verdadeiro, o único território de conquista se situa no que preenche a noite dos sonhos de sonhos e de formas que não dizem o seu nome.

Cultura. Cuja crise poderia ser o nome. O que transparece, sombra e corrosão sob o culto solar da fraternidade, da solidariedade, da humanidade reconciliada, finalmente reconciliada, pela cultura-mundo e na cultura--mundo. O que joga, range e geme nas engrenagens minuciosas da fábrica do contentamento, da produção de opinião, do consentimento e da renúncia.

O assunto é actual. A crise na qual o sistema de mercado nos faz entrar é uma crise da cultura, uma vez que ela é uma crise da relação com o real, do julgamento e da inteligibilidade do mundo. Ela é também uma crise de culturas particulares, daquelas que fazem a vida, que dizem como comer, deitar, amar, transmitir, do plural apreendido pelo singular e pela sua pretensão de ser a cultura de todos. Face a esta crise moral e social, uma só atitude é impossível: negar a importância das transformações que esvaziam de sentido a palavra cultura tal como foi pronunciada e debatida desde há cerca de dois séculos e que fazem da cultura outra coisa, uma outra realidade e uma outra palavra. Sonhamos em apenas conhecer do universal os preços, os contratos e os direitos, o que nos dispensa de todo o respeito pelas instituições milenares, porque elas são milenares, o que evita aprender história para melhor desprezar o que os homens brancos, racistas e violentos produziram, é evidente, os homens são todos os mesmos. Neste sonho prometeico, nada de surpreendente que cada multimilionário de sala de mercado se dê o direito de mudar o mundo, nada de surpreendente que as estrelas se dêem o direito de comprar crianças que graças a elas terão um futuro brilhante, mas não os seus pais nem a sua terra, já não é nada surpreendente que o primeiro humanitário que apareceu assuma a postura que condene as castas, as hierarquias de nascimento e as crenças que ditam os modos de vida; uma vez que ele é depositário da cultura que acabe com a história e que suprime a geografia, a nossa insuperável democracia dos direitos individuais ([52]). Acrescentarei: é impossível não ver também a relação entre o desaparecimento do indivíduo e a asfixia da democracia e naquilo que a cultura se tornou – é impossível não introduzir uma dimensão trágica do que está em debate e do que deve tornar-se projecto para a cultura.

Admitamos que as nossas sociedades europeias tenham saído da religião, mais ainda, como escreve Elie Barnavi em *Les religions meurtrières* ([53]), que elas se tenham tornado cegas ao facto religioso, mesmo insensíveis ao sagrado. O que significa a cultura que sai da religião? O que é uma cultura que ignora o sagrado? O que é o belo que já não fala do céu?

Observemos o desenvolvimento invisível mas omnipresente do político e do Estado como infra-estrutura dos direitos, das liberdades, dos próprios desejos, e a conformidade crescente de vidas que se vestem de *gadgets*, de marcas e de diferenças aprovadas para

---

[52] Ver a este respeito a introdução de Louis Dumont na sua obra sobre as castas na Índia, *Homo hiérarchicus* (Gallimard, «Tel», 1966) na qual ele sublinha que nenhum indiano, não mais que nenhum europeu que tenha vivido na Índia, preconizou a supressão de um sistema milenar que assegura a cada um o seu lugar na ordem social-cósmica – em 1960; que caminho desde então!

[53] Seuil, 2007.

melhor se dispensar de se reconhecer e de escolher – para melhor usar o luto de toda a autonomia real e do que faz os homens inteiros. O que é uma cultura que se tornou argumento de uma moral, que apela à censura de tudo o que não segue os caminhos balizados da beleza útil? O que é, finalmente, uma cultura que não sabe patear o bem e o mal, em nome do génio, em nome da loucura, em nome do riso? A subordinação da cultura ao direito, à regra e à conformidade ao bem útil é a manifestação mais visível da situação em que a cultura é chamada a tornar-se o meio de outra coisa, acima dela ou mesmo sem ela.

Vejamos, finalmente, a que ponto o nosso universo está inchado de positivo, quase a rebentar pela sua pretensão ao bem, ao ponto de acreditar que o Ocidente mundializado pôs fim à história e tocou no horizonte inultrapassável da organização política do planeta. Ao ponto que a velha máxima do clientelismo político, «pão e circo», parece tornar-se o novo eixo moderno da cultura – facilitar as digestões difíceis e confortar o sentimento do bem daquilo que os *Restaurantes do Coração* oferecem. O que é uma cultura que fabrica a boa consciência, apelando à censura e se dedica à reprodução universal do sistema dominante? O que é uma cultura que não apela à consciência de si, para além e contra as facilidades e os conformismos e que não fala, ao mesmo tempo, do trágico da vida e da magia sempre recomeçada dos projectos humanos?

I – A CULTURA-MUNDO É O NOME DE QUÊ?

A cultura-mundo é o outro nome desta economização do mundo que convoca cada planta, cada animal, cada parcela e até os homens e as mulheres que vivem nesta terra à sua utilidade. Ela é o efeito da nossa saída da terra, da origem e da duração. Rodeio, artifício, subterfúgio e o gosto sempre inconfessado de que é necessário forçar a dizer o seu nome. Dizer a sua cultura sem afixar o seu preço. O elogio da mobilidade, o cosmopolitismo erigido em princípio moral, o interesse individual sacralizado pelos direitos do indivíduo, e o jogo está lançado. O sórdido pequeno segredo escondido atrás da cultura de massas, o acesso de todos à cultura e todas as outras vitrinas que nos deslumbram, é que a cultura figura, agora, num bom lugar das coisas que se produzem e das coisas que se vendem porque ela está entre as coisas que se contam.

1 – *Singular plural*

Havia culturas. Ao longe, a curiosidade, a irredutível distância. A terra, ou seja, a geografia, a origem, o clima, isto é, a história dos homens determinava-lhes tanto como a fantasia, o trabalho ou o génio. Tinham a face de Janus, por um lado, o que separa os outros dos mesmos, assegura a unidade interna de sociedades dotadas da sua cultura e imuniza-as contra as agressões exteriores, por outro, o que une o que tudo o resto separa, o que designa entre eles a relação mais profunda, a das fundações, dos símbolos e das representações.

O OCIDENTE MUNDIALIZADO

Ao mesmo tempo distância e traço de união, ao mesmo tempo particular e comum.

Haveria cultura. Ponto de chegada, termo, fim realizado de um mundo saído da natureza e da história, que se tornou finito, pequeno, humano, solidário, fraternal ou, então, fuga numa incompletude fatal, o de um mundo sempre a construir, a refazer, a recomeçar. Saída da terra, recusando a origem, recusa da história e da geografia, meio do homem sem determinação, do homem plenamente homem porque liberto de todas as contingências e capaz de tudo o que o controlo permite e que o Bem apela. Joahnn Sebastian Bach e o *rap*, os *tags* e Chanel, o confessional e o *ashram*. Não separados, no desvio e na tensão, lado a lado, juntos, iguais, misturados nos novos estados de consciência que a prática de solicitações simultâneas forja. De novo, Janus, por um lado, libertação das antigas dependências, liquidando os limites, as amarras, que dificultam a livre busca da felicidade por cada um, por outro, novo enraizamento no possível sem limites, dando a cada um o gosto extenuante de perseguir todas as oportunidades, convencendo-o de que uma vida de homem é o que não tem limites e intimando mesmo, a cada um, que seja assim – prometendo mobilizar-se sem tréguas.

Seja cultura, isto é, a maneira de ver o mundo, de sentir o mundo, de se sentir no mundo e, portanto, de agir no mundo. Seja, assim, uma cultura mundializada, isto é, uma relação com o real que dá o mundo como unidade, como comum, como uniformidade – o mundo plano perante o olhar, o passo do caminhante, o apetite do turista. O que se passa? Um desvio multiplicado com o real, que faz com que cada um viva, aqui e agora, em condições climáticas, geográficas, históricas, sociais, políticas, etc., determinadas e particulares. Não são tão numerosos os que têm a sua residência secundária em todos os Hilton da terra e podem, com efeito, crer que a terra é plana – com a condição de não ouvir o canto do almuadem, de ignorar a favela no morro, o muro em volta dos colonatos e de não abrir o jornal local! Qual é a relação com o real em que a cultura do Ocidente mundializado é a chave; e poderá ela ser outra coisa do que uma cultura da ruptura com o real, da abstracção crescente da vida, da conjuração da história e da geografia, uma expressão, enfim, do estado de apercepção social no qual o fascínio pelo virtual provoca uma juventude embriagada pelo advento individual, indiferente com as condições que o permitem? A interrogação está presente, ela é mesmo estridente. Porque cada um a sente efectivamente, qualquer coisa se passa, que não se resume à transgressão de uma cultura existente, nem à mestiçagem da cultura existente com uma ou outras, importadas do exterior. Qualquer coisa, que vem radicalmente de fora, que coloca em jogo outra coisa, talvez para restituir à palavra «comércio», tal como era entendida no século XVIII, a sua amplitude original e que se impõe progressivamente como uma maneira de ser, de agir, de estar em relação para uma parte, pelo menos, da população mundial.

O facto é essencial: não há culturas, múltiplas, diversas, confrontadas com um fenómeno exterior, que seria a mundialização. Há um facto social global, cuja iniciativa é ocidental, que se chama mundialização, que constitui ela própria uma cultura, ou que o pretende, e que tende a impor a todas as outras, em nome do bem – se não sabe onde está o seu interesse, nós sabemo--lo, tenha confiança em nós. Elas eram dominadas pela estabilidade social e pela repetição do passado, mostravam o limite de toda a vida do homem e a prudência perante as forças que a ultrapassavam, serviam a via do sagrado e dispunham a cada um a obediência ao destino, ao real, ao poder e ainda a muitas outras coisas. Todas as outras, todas as diferenças e, por vezes, contraditórias traçavam todas as vias diferentes de ser homem, desde os Chukchi que ensinavam aos velhos, que se tornavam inúteis, a matar-se, até aos Torajas de Sulawesi que ficam com os seus mortos em casa, no seu quarto, meses após a sua morte física, antes da reunião familiar que os leva ao eterno repouso. A mediatização diz que a cada um tudo é possível, que agir permite tudo e que o mundo está à disposição. E diz que, após despir-se de todas as determinações, as origens e as singularidades, uma vez queimadas todas as aparências ilusórias do particular no fogo universal, o Graal das oportunidades está ao alcance da mão do indivíduo absoluto que cada uma, cada um, pode e deve tornar-se, sem o cavalo branco e sem Parsifal. Elas eram diversas, ela é uma. Obtinham a pacificação dos mesmos pelo mito das fundações e da excepção comuns, procura-a na identidade de interesses individuais e na universalidade do número. Não é um indicativo, uma observação de facto; não eram culturas se não fossem culturas, eram apenas divergências, punham-se tão só em movimento pela dinâmica da diferenciação das sociedades humanas, condição simultânea do seu diálogo e da sua dinâmica. Acabando por ficar orgulhosa da sua cultura. A sua cultura é a de todo o mundo, o único orgulho é estar no fluxo, de se fundir no comum, de se submeter à norma da indiferenciação cultural – não será o ensino ministrado aos futuros gestores de multinacionais, que fabricam clones indeterminados a quem nada do que é humano seria sensível? Celebrar a sua cultura como cultura francesa, como cultura alemã, como cultura chinesa, não será já descriminar? E distinguir-se não será já renunciar?

O ponto assinala a novidade radical do que se passa e que ultrapassa tudo o que foi observado da cultura de massas; já não se trata da cultura de massas, trata-se da cultura de todos. Dissolvida a massa nos animálculos que a compõem, interdito o povo na consciência de si próprio que o faria sonhar em autonomia e que o tornaria um actor político! Internet e Web 2.0, o portátil; temos os meios para falar com cada um no mais fundo da sua intimidade, já não falaremos a uma massa. A cultura-mundo é a primeira que se quer verdadeiramente universal, porque ela é individual e acompanha o triunfo presumido do indivíduo. Tem por missão realizar a unidade da humanidade e de completá-la ao asfixiar pela sua presença e pela invasão dos seus meios todas as outras culturas e a sua pretensão para distinguir e escolher. Será apenas uma, a sua condição é abraçá-las todas, prendê-las e reduzi-las à unidade.

No seu desenvolvimento, a cultura da mundialização é a primeira que realiza neste ponto a associação do poder e do dinheiro. E é a primeira que tem uma relação com a economia na medida em que a economia é a condição da sua validade, na medida também que ela concorre a fazer do modelo de crescimento ilimitado uma força suicidária irresistível – já não se defende a cultura-mundo como não se defende contra a promessa de bem-estar! Nenhum segredo, mas a forte conjunção da universalidade da técnica – a gravitação não é nem britânica, nem chinesa, ela é – e do dinheiro – o equivalente universal de todas as coisas – ao serviço da utopia planetária. Bens culturais, serviços culturais, património cultural... a cultura de massas desobstruiu a venda da cultura aos que têm apenas o dinheiro por mérito e por meio. A igualdade perante a cultura conduz ao mercado da cultura. É o crescimento que faz a cultura-mundo, primeiro pela saída da pobreza que autorizou no decurso do mais forte período contínuo de crescimento mundial da história recente – e talvez de toda a história. É porque as coisas funcionam, porque há crescimento, comércio, negócios em desenvolvimento, que constitui um regime de verdade. Verdade no interior de uma cultura, engano fora dela. E, portanto, verdade no interior da mundialização, engano para além dela. Mas também, verdade no e pelo crescimento, engano sem ela. A condição deste poder é o crescimento. Enquanto funciona, o poder sobre si, sobre os outros, é enorme; poder de veridicção, poder de operabilidade. O que faz com que uma coisa seja verdadeira; o que faz com que a acção tenha lugar. A nossa cultura é a do crescimento ilimitado e está assente na nossa todo-poderosa técnica, autor de uma ruptura sem precedentes com a natureza, uma vez que ela nos coloca numa situação de produzir a natureza. Ensina a nunca mais perguntar porquê. A cultura era o meio de voltar atrás, de julgar e de saber dizer não. A cultura-mundo dissolve as questões na acção, interdita o recuo e o julgamento e resolve-se numa imensa aquiescência ao crescimento, ao mercado e às suas obras.

A cultura-mundo mantém, sem dúvida, relações permanentes, intensas, com as culturas particulares que subsistem no seio das sociedades humanas. São expostas umas às outras, são-no sem parar, são-no cada vez mais. Não ocasionalmente, no fim de dias extenuantes das areias do deserto, das estradas vermelhas de África, do escoamento da grande floresta equatorial. Não no temor e no tremor do desconhecido, na revelação do diferente, no indizível que fez de todas as narrativas de viagens até ao século XVIII, pelo menos, a narrativa do imaginário, entre o admirável e o horrível, mas no negócio, na conversão, no comércio. A relação com o outro, com o estrangeiro, com o distante mudou, mas é definitivamente a relação com o real de cada um de nós que se encontra mais transformada. Primeiro porque a imagem pretendeu colar ao real, transmitir-lhe no seu movimento, a sua cor, a sua vibração; a seguir, porque a imagem, a mesma, transfigura o real e faz a ponte com o imaginário, com a emoção e com as expectativas de emoção. De modo que tornar-se autor do real já não tem lugar na história, na política, nas ruas das cidades ou nos tumultos das trincheiras, mas diante das consolas, atrás das câmaras, em frente dos ecrãs – e fechem a janela, por favor, para que a luz do dia não nos incomode!

O recuo ou o regresso são tanto mais proibidos quanto a exposição à cultura-mundo é de todo o tempo e de todos os lugares. De maneira quase permanente, para todos e para tudo, a favor da torrente de representações que não poupa quase ninguém, desde que a Televisão por satélite está por todo o lado, desde que um em cada dois homens tem um telemóvel. Não na distância, de um lado e do outro de fronteiras definidas, mas na confusão, o que alimenta todas as ilusões da mestiçagem, o que permite a bricolage das identidades culturais, como o das cozinhas étnicas ou das religiões compartimentadas – uma gaveta para o budismo, uma gaveta para o Natal, uma gaveta para o Halloween. Não na construção paciente de si, mas na aventura das seduções do momento, mesmo na saturação sensorial. A violência é considerável; 300 milhões de chineses navegam, 25 milhões de chineses estão viciados na Internet, atravessaram em vinte anos um século e meio de história cultural da Europa. Da taça de arroz ao 4×4 e ao telemóvel, será necessário medir um dia o que está em jogo e que não é económico. Esta exposição é destruidora. Naturalmente, faz ocorrer outra coisa. Mas o quê? A única resposta honesta é que nós não sabemos nada. Enquanto a cultura-mundo é um momento técnico que apenas vai modificar nas margens as culturas e as civilizações humanas, a maré da história tal como a crise vai arrasá-la, varrendo rapidamente as banalidades gerais no planeta unificado como varre já as idiotices sobre o fim das nações. Assim, a cultura--mundo é aquilo que faz manter e transformar todas elas, porque ela muda a condição humana do século XXI, porque ela é simultaneamente a expressão das técnicas do quotidiano e o seu posicionamento nas vidas, e é necessário dizer que ainda é muito cedo, que a bruma pesa, que o sol ainda não nasceu, e que nós não vemos nada, nada ainda do qual seria bom falar, nada ainda que permita dizer ao que se assemelhará verdadeiramente um mundo determinado por uma cultura unificada, e os homens que viverão este mundo nesta cultura – homens que terão perdido as referências do colectivo singular e da sua particularidade distintiva.

2 – A fábrica do mesmo

«Somos homens parecidos mais ou menos nus sob o sol.»

Francis Cabrel

Vale a pena colocar a questão; de que falamos? Aqui e agora, a resposta é singular; falamos do que termina, e tiremos desta conclusão a iluminação que nos falta para o futuro. O tempo da equidade fácil da cultura-mundo e do Ocidente, na sua variante americana musculada, demonstrativa e ruidosa, como na sua versão europeia ao pretender a fraternidade e a compreensão universais, acabou; o que se passa na cultura-mundo, o que passa da cultura-mundo nas nossas sociedades escapa já, escapará cada vez mais, aos seus emissores. Apesar do Google, da Wikipédia e do YouTube ou do Facebook, apesar da iniciativa americana ainda esmagadora na Net, nós já não somos os autores do mundo. A narrativa continua fora de nós, em Wuhan, São Paulo,

Teerão, Omsk, e arriscamos mesmo ser embarcados em rios que não conhecemos. As ferramentas que, massivamente, são nossas, irão servir fins dos quais nós não sabemos nada; eis onde pára o Ocidente mundializado. Os Estados Unidos e o Google fazem a experiência no seu diálogo com a China; apesar do *smart power*, a mundialização já não é americana e o mundo desordena a América. O luxo e o gosto já não são do Ocidente. As mesmas técnicas que asseguraram a empresa do Ocidente na mundialização dos mercados, ratificaram a lei do número, a equidade de todas as formas de estética, asseguram a recompensa de iniciativa cultural ou, pelo menos, a participação de todos os seus consumidores- -espectadores-criadores associados.

A crise tornou a constatação evidente. Saímos da mundialização feliz, feliz para nós, que caracterizou a encenação de um grande espectáculo que se desenrolou desde o início dos anos 70 até à queda do muro de Berlim, para se expandir na ingenuidade das suas promessas nos anos 90. E a cultura-mundo está em questão. François Jullien lembra-o em *De l'universel, du commun, de l'uniforme et du dialogue entre cultures* [54]: a cultura-mundo é a da confusão, não as culturas, mas os termos da sua troca. Falamos do universal, temos a palavra fácil na boca, enquanto apenas falamos mais ou menos de uniformidade, ou seja, da redução das culturas à economia. E nós dizemos cultura, mas apenas temos os utensílios da cultura. Da busca atenta, exigente, a

---

[54] Fayard, 2009.

esta facilidade industrial, a inclinação é fácil, que nos provoca sem que pensemos. Porque a ilusão do diálogo permanente de culturas, da sua mestiçagem, é agradável. Suporia o respeito, a segurança e a estima por si, relações de interesse partilhado, de reciprocidade e de distância. Estamos longe. O que nós observamos, depois de tantos anos, é um movimento incessante de uniformização, de laminagem das culturas e das civilizações pelo projecto liberal, economista e individualista – o projecto do totalitarismo suave do enriquecimento e da separação do indivíduo do todo colectivo, condição do crescimento económico que se alimenta tão bem do infortúnio individual... É, sob o exterior brilhante do apelo universal, a laminagem sistemática de toda a resistência à desconexão dos indivíduos com o colectivo, que faz deles, sob a égide dos direitos do homem, clones adequados, mobilizáveis, permutáveis, convencidos que o mundo lhes pertence e que se divertem bem. É também a prega das sociedades sobre elas próprias, os seus subentendidos, os seus códigos, os seus costumes, a sua singularidade. Nunca por oposição frontal, nunca por vontade, pelo contrário, mas por dissolução, subversão e, na realidade, por indiferença radical ao que fazia a dignidade de cada um sob a cobertura do relativismo. O tratamento por tu fácil, de princípio, é a marca da recusa desta distância que se chama respeito, que proíbe de se misturar com o que não se olha, e que se chama não ingerência, abstenção e reserva. A cultura-mundo mistura-se com tudo, por princípio, com todos e não respeita nada; descultura, neste sentido, destruição destas distâncias, destes diferenças, destas descriminações e do seu sentido, que são a alma das culturas dos homens.

Para dizê-lo em algumas palavras, a história recente vê as culturas, elemento principal da constituição das sociedades dos homens, da reprodução do seu núcleo político-religioso e da sua pacificação interna, no seu conjunto, conformarem-se com o triplo dogma do mercado, dos direitos do homem e do interesse individual. Nada de comum com o empréstimo, com a inspiração, com a selecção de elementos vindos de outras culturas que partilham tão bem, por exemplo, a pintura francesa do século XVIII e a arte japonesa; a normalização e a conformidade impostas do exterior. A cultura era o meio de provar a distância com as outras, ao considerar todos os recursos do seu espírito, do seu corpo e dos seus utensílios, a sua alteridade; a este respeito, formadora da identidade colectiva, a este respeito também eminentemente político, negócio de poder, questão de fé, questão de escolha. Iniciações, tatuagens, danças, rituais, ornamentos e modas são, aqui, o mesmo que arte, ou o que nós chamamos arte. «Mais bonito para mim», escolheu, como frase publicitária, uma marca de *lingerie* que celebrava o auto-erotismo como nova cultura de si. Permanecerá após a Internet, os brinquedos sexuais e os Restaurantes do Coração, qualquer coisa que só a arte poderá dar? A cultura tornou-se o que manifesta o semelhante ou, então, o uniforme, o que deve tornar sensível a cada um ser apenas um entre os outros e como os outros; a Madame de Sévigné não concebia, como o recorda Pierre Manent[55], perante o suplício dos camponeses bretões insurgidos, o que podia

---

[55] Em *Cours familier de philosophie*, Gallimard, «Tel», 2004.

ser o sofrimento de um camponês; a cultura obriga-nos, agora, ser, ao longo das horas e das actualidades, Albert, Mohamed, Ehud ou Tian-Tian, não importa qual, não importa qual deles, dos que sofrem, que morrem, que são vítimas (será inútil acrescentar que, em parte nenhuma, seja o que for que sugira, é possível também compreender, partilhar, identificar-se com o carrasco, com o guarda prisional, com o inquisidor; o modelo está esgotado, já não se reproduz, remetemo-lo definitivamente para a classe dos acessórios de feira). Parece que é um progresso.

A história mudou, portanto, a cultura. Ou, então, tem mudado de cultura. Porque a questão não é unicamente de grau, ou de nuance, mas de signo. A cultura sublinhava essencialmente as coisas que se davam e transmitiam, porque são coisas que se distinguem, e relegava para o lixo o que se vende, o que se conta e o que se comercializa, as coisas comuns que trazem em si todas as facilidades do uniforme. Ela tornou-se uma indústria e, também, uma das indústrias nas quais as sociedades descontentes com a indústria e fatigadas de servir inventam um futuro. Johann Sebastian Bach negociava, e duramente, as condições da sua remuneração junto do príncipe eleitor de Leipzig, mas os seus auditores ouviam-no gratuitamente no escritório. Os fundadores das Caixas de aforro francesas, os grandes burgueses liberais do início do século XIX, desejavam que os nossos artistas divulgassem junto das classes populares as representações da poupança, das suas virtudes, ao ilustrar os benefícios para a vida das famílias; nós esforçamo-nos para aplicar a sua vontade.

Adam Smith já o tinha visto à sua maneira: a economia tem fortes razões para se interessar pela cultura e de a recrutar ao seu serviço. Aqui estamos nós. A sociedade de mercado assumiu a cultura como fonte de fé e de sonho dos homens, tornou-a num dos factores mais eminentes e, mais ainda, eficazes, da mundialização tal como se envolveu nos escombros após a Segunda Guerra Mundial, tal como ganhou uma extensão imprevista após a queda do muro de Berlim e da dissolução do império soviético. Chamou cultura ao que se tornou uniforme, ao que dissolveu os estilos, as formas, as cores e os sons pelos quais os homens ingénuos pretendiam exprimir a sua singularidade, pelas quais afirmavam não serem homens idênticos – o que eles chamavam a sua dignidade.

Sempre os mesmos, sempre os mesmos...

Meio de distância ontem, meio de indiferenciação hoje. Presença cambiante, múltipla, indefinida, do mundo como história e como geografia, ontem, como fascínio e respeito pela distância, pelo diferente, pela afirmação obsessiva do seu desaparecimento agora, pela desolante unanimidade do bem, do desenvolvimento, dos direitos e da confusão generalizada dos homens, das formas e das relações, hoje. O luxo estava em relação com um território, com um saber, com uma herança, com um produto; os rebuçados de mentol de Cambrai, as sedas de Lyon ou os lenços de Cholet... e a corte do czar fornecia-se com luvas de Millau, até mandar vir de Aveyron um dos rapazes Canat para ajustá-las às medidas precisas das damas da corte na própria Sampetersburgo, em 1909! Cada um sabia o que devia aos que lhe tinham precedido, cada um sabe, agora, que o mundo é seu e que tudo lhes é permitido. O luxo tem agora numa marca máquinas que depositam milhares de unidades de produtos sem território e sem origem – *Made on Earth by humans*, mas devidamente carimbados pela LVMH, Pierre Cardin ou Gucci e para mais segurança afixam em grandes letras a sua proveniência – até ao dia em que o luxo se exprimirá mais simplesmente pelo preço do saco à mão, do relógio ou dos óculos inscrito em caracteres indeléveis e fluorescentes no próprio objecto – uma vez que o único verdadeiro luxo contemporâneo é o dinheiro, ou a capacidade de pagar do cliente, e que a dissolução de todas as formas e de todas as relações com o dinheiro é o fim lógico e banal do caminho comprometido.

A cultura era a cultura das origens, era herança e vinculava ao tempo os mesmos e os que ela definia como tais; ela é chamada a tornar-se individual, ou seja, a escolher-se, a adquirir-se e a vender-se, como qualquer outro produto. Ela era a acumulação de experiências de gerações passadas transmitida a cada indivíduo, que permitia reduzir a incerteza do futuro, de se comprometer com o bom coração e acreditar de boa fé que o futuro seria melhor. Máquina de transmitir a unidade entre as gerações que o tempo separa; máquina de criar unidade entre os contemporâneos, que as crenças, as origens, os interesses separam. Já não é questão de ser facto da sua cultura, de ver a sua existência produzida por ela; a busca da indeterminação, na qual se resume o projecto liberal, deve também libertar o indivíduo disto. Também já não é uma questão de que a cultura domine o indivíduo, esmague a autoridade do passado, dos exemplos dos mestres e do génio dos autores; a minha cultura é o que me agrada e o que me serve. A cultura preexistia às existências individuais, ela é chamada a torná-las confortáveis. E a diversidade cultural é o nome que a cultura-mundo dá à segmentação dos alvos e à fragmentação das audiências, para melhor assegurar o triunfo sem réplica da velha fraude da unidade do género humano que consiste em trazer o homem à sua natureza, negando a sua história.

Nem recuo nem julgamento; vivemos a desaparição do imaginário pela saturação das imagens. Os que entram numa sala de cinema marcam pela sua própria postura a violência do que vem; o choque da imagem, do som, toma-os como uma vaga. É impossível recuar, impossível guardar a sua distância e o seu quanto-a-si, o cinema é uma técnica de possessão e nas salas que ficam escuras e raiadas de luz, há milhões que se entregam, que se abandonam, que não sabem nada e compreendem menos o que vivem – ou o que vive neles. O mundo da cultura, como o da arte, já não é o que une pelos valores que exprime e por um irreal que faz partilhar, abisma-se na experiência vazia e na reprodutibilidade sem fim. É proibido ser sobrenatural; é proibido que isto se exceda. É aqui que tudo se passa, repete a cultura com determinação. E é nesta vida que é necessário viver várias vezes, nesta vida que é necessário lançar os seus avatares, nesta vida que é necessário tornar-se Deus para se sentir verdadeiramente um ser.

3 – O fim liberal

Na origem de tudo, o projecto liberal, o projecto da liberdade do estabelecimento humano, expresso pela indeterminação que deve fazer o homem sair da natureza, da origem e do acaso. Na obra sob o signo da individualização e do crescimento sem limites, promete entrar num mundo melhor. Mobiliza a representação imaginária da unidade do género humano para obter o consenso sobre o fim das nações, que deram o seu quadro ao exercício da democracia, mas que se vêem acusadas de todos os males. O vocabulário do pensamento único europeu é significativo; as nações apenas existem como inflexibilidades, como travões ao rumo dos negócios.

O curso do projecto liberal não está terminado. Ele amplifica-se mesmo, com a histeria provocada pela crise e com o advento sem precedentes de bancos e de mercados financeiros que ditam a sua lei aos Estados; a sua ruína seria a sua. O elemento novo é a desaparição da autonomia das sociedades humanas provocada pelo advento do homem armado dos seus direitos, soberano e exigente. Alguns dos seus aspectos desvelam-se com estrépito: um banco de investimento nova-iorquino dá o direito aos seus assalariados à indeterminação sexual ao proporcionar o reembolso das operações que lhes permitam mudar de sexo; recusamos o *handicap* através do diagnóstico pré-natal que promete a termo apenas deixar nascer crianças sem riscos maiores; vemos crescer um mercado internacional de adopção de crianças, que consagra o direito dos ricos a comprar crianças aos pobres. Que imagens inúteis do Bem radioso e sem escrúpulos que foram dadas por Madonna ao adoptar uma criança africana, apesar da existência dos seus pais, em nome de uma vida melhor que ele terá certamente – uma vez que será americano! A cultura-mundo amplia o mercado dos homens, desde que Robert Badinter proclamou «o direito individual à criança» [56]; como dizer mais claramente que não há nada que o dinheiro não possa comprar, em primeiro lugar as crianças, em primeiro lugar os homens? Como confessar mais fortemente que o advento do indivíduo é, ao mesmo tempo, a aniquilação de toda a distância, de toda a autonomia individual? E será necessário acrescentar que a cultura se tornou a encenação do crescimento sob o nome de progresso, e da mercadoria sob o nome do luxo? O sagrado contemporâneo reside nesta aliança do crescimento económico e do direito que assegura as condições; quem ousaria colocar em causa a religião do desenvolvimento?

Encenação

A cultura-mundo encena o projecto liberal, liberto do constrangimento democrático e das formas sociais herdadas das culturas anteriores, sob três aspectos determinantes.

1 – Perante nós, a unidade. Falamos tanto mais de diferenças, de rupturas, de excluídos, quanto mais ve-

---

[56] *Le Débat*, 1998.

mos avançar o espectro da unidade. Quem é que ainda acredita que viajar o expõe à diferença? As viagens multiplicam-se entre lugares sempre idênticos, dramaticamente cada vez mais idênticos. Agitamo-nos freneticamente para ir a qualquer parte que nunca seja outro lugar; já não há outro lugar. Nós somos os primeiros a viver um universo sem exterior; os selvagens, desde Lévi-Strauss, as terras virgens, desde Google Earth, os outros, desde Fidel Castro, desapareceram – em que outro país que não seja Cuba é que os painéis publicitários exibem frases do Líder Máximo, não apelos às compras? Nós somos a primeira sociedade que se quer mundial e que já não aceita o exterior; com que arrogância, com que meios e, sobretudo, com que ausência total de dúvida, a religião do desenvolvimento se entrega a liquidar as civilizações, as crenças, as organizações políticas e sociais construídas durante milénios, arruinando à sua passagem um património essencial da humanidade! A cultura já não é o meio de relação com o outro, como esta cultura astronómica de Matteo Ricci que lhe permite, a ele jesuíta, de figurar como mandarim na corte do Celeste Imperador, nos anos 1500; a cultura-mundo é o meio de ser os mesmos e de reduzir os outros. A doutrina americana de segurança di-lo claramente ao já não aceitar a ideia de adversários legítimos. Contra nós, não saberia ter guerras justas. O mundo é organizado em função do objectivo único do crescimento e do desenvolvimento, que quer excluir todas as formas de afrontamento que não seja a dos mercados através da concorrência e dos preços. Já não há guerreiros legitimamente adversários, no respeito e na dignidade mútuas, apenas há forças de paz, do contrato e do mercado às quais se opõem os combatentes do mal ou da fé – do irreal. Neste sentido, a cultura-mundo é uma poética; ela faz existir um universo em que as relações com o mundo real são encantadas, na melhor das hipóteses, ou armadilhadas, na pior; a cultura do mundo de Walt Disney em que as relações não têm sexo, em que os homens não têm cor, em que o sonho de um mundo factício se propaga com um despudor tranquilo, é a de um totalitarismo do bem-estar. Passem, não há nada para ver, diz a cultura-mundo.

2 – Excesso de estruturas colectivas em nome dos direitos do homem, que se tornaram na Europa, pelo menos, os direitos do indivíduo absoluto. Capacidade ilimitada para se descomprometer, para se desligar, para se desfazer da relação com os outros, com a natureza, com a sua cultura e consigo mesmo. A educação, o ensino, a formação são teatros deste drama; a desculturação caminha lado a lado com a socialização, esta aposta na conformidade das crianças e dos jovens que exclui o controlo da língua – com que direito se pode pedir que as crianças da diversidade falem francês? – mas a sua assegura empregos aos jovens antes do RSA. Não pode haver educação sem discriminação e sem selecção e só uma sociedade que sabe o que se deve e conhece o seu encerramento pode legitimar as suas instâncias de educação, sem ser perfurada pela frase «para que é que isto serve?». Porque isto serve, em primeiro lugar, para se tornar francês, europeu, civilizado, na diferença, na exigência, mesmo na confrontação com os que serão de um outro mundo – de uma outra cultura, que não têm nada a fazer deste mundo, destas instâncias que

não têm, simplesmente, nada a fazer aqui. A cultura de si contém o indivíduo, já não se desenvolve numa comunidade, numa sociedade singular, e singular pela sua cultura – contém-se no vazio. Entre indivíduos soberanos, atomizados, não há nada que possa ser sociedade. Nada de surpreendente em relação a isto. A sociedade política liberal tenta aspirar cada pessoa para a abstracção do sujeito do direito, despe de tudo o que faz dela um ser de carne e osso, com um passado, com origens, com relações, com uma terra e uma história, para torná-la fluído, líquido, móvel, indefinidamente. Neste sentido, a cultura-mundo é bem uma negação da condição humana. Neste sentido, os direitos do homem são bem a condição da abolição da política e do fim da história – ou do seu desencadeamento futuro.

3 – Duro exercício do real. Música, pintura, cinema, literatura, filosofia, teologia vivem ou sobrevivem como passatempos e estão sujeitos a tornarem-se indústria do divertimento se se quiserem expandir. Eles também, como qualquer animal, qualquer planta, tudo sobre a face da terra, são mobilizados – reduzidos à sua utilidade. O termo «indústria da cultura» vende o pavio: neste reino de verdade, a cultura mede-se, apropria-se, entra nesta categoria de bens que se trocam e que se vendem. A individualização não está aqui por nada; por um lado, a desligação coloca no mercado o que dependia da relação local, familiar ou social, e era gratuito. Deve-se ao seu poder de compra a cultura que se deve ao seu meio ou à sua origem. A cultura tende, portanto, a realizar-se nos objectos, nos momentos, nos actos identificáveis; há objectos que são ditos culturais, actividades que

são nomeadas como culturais e uma indústria dita da cultura. Acessórios decorativos da vida que passa. Não são as coisas pelas quais se luta ou se morre. Há, de facto, marginalização da cultura, mais nada de essencial se passa aqui, nem se pode passar, o que se passa passa-se na economia. E sem dúvida as condições de nascimento de uma obra de arte desapareceram com a conformidade e com o consenso humanitário.

O número substitui o saber, o número mata o gosto e a aristocracia do julgamento. O exemplo é dado em *Google-moi* de Barbara Cassin[57]: a lógica invocada sob os gloriosos auspícios de «cultura e democracia» é uma lógica puramente quantitativa em que o número de cliques dita a qualidade, tanto da amizade como das obras. É a lei da Internet, os motores de busca como enciclopédias; o número dita a verdade, a quantidade assegura o belo, o bom e o verdadeiro. Não estamos longe do realismo socialista soviético: as massas nunca estão erradas, o artista só faz o que é belo e bom quando educa as massas. Chegaremos brevemente ao ponto em que, nos museus, se afixará o preço estimado do quadro para se situar o valor. De resto, nas grandes fundações americanas, publica-se o valor de compra do quadro. Homenagem aos doadores! A arte vale o seu preço. É um primeiro passo, que será seguido. Nas universidades americanas, os grandes e antigos exemplares são-no segundo a sua contribuição financeira. Aquele que paga tem sempre razão. Chegaremos brevemente ao

---

[57] Albin Michel, 2007.

ponto em que, nas universidades, se dirá quanto ganha um professor para saber se vale a pena ouvi-lo ou se se pode satisfazer ao ler a fotocópia. À força de saber bem fazer, mas não fazer bem, é necessário o quantitativo para apreciar o qualitativo. À organista que toca *A Arte da Fuga*, pergunta-se: «quantos tubos?», como Estaline perguntou ao papa: «quantas divisões?».

A cultura-mundo inventa a narrativa da humanidade pacífica, da unidade do género humano, da artificialidade de tudo o que separa os homens. Repete obstinadamente que todo o mundo é belo, que todo o mundo é gentil, e que as democracias não fazem a guerra! Nisto, é uma anti-cultura, inscreve-se no oposto de tudo o que constituiu historicamente as culturas e que era a afirmação de si pela diferença e pela oposição. E ela produz a mestiçagem de culturas, não a adição do melhor, mas a subtracção. Se a cultura-mundo é a cultura da indiferenciação pelo dinheiro e só por ele, ela é a empresa mais acabada e a mais perigosa que tiveram de afrontar as culturas dos homens, particulares, circunstanciados, originais e, pela mesma razão, capazes de passar além da condição humana, ao fazer valer que há outra coisa que conta mais do que a vida, que existe o que está para além das existências individuais e da sua miséria ordinária. Deste modo, a cultura-mundo é uma cultura, talvez, mas não uma civilização. E este abandono é o que revela a crise actual, crise da desapropriação do seu destino, crise da dependência consentida das sociedades humanas, crise do advento do indivíduo como dispensa de toda a afirmação e de toda a capacidade colectiva de agir. Crise, também, do bem e desta formidável apreensão da arte, e atrás dela a cultura, pelo Bem. O utilitarismo de todo o político cultural reduz-se, mais cedo ou mais tarde, à censura do que não está bem. E conduz ao crime contra o espírito: ignorar que a sombra e a luz fazem conjuntamente as formas e as cores das coisas, que o bem e o mal são as duas faces de uma mesma improbabilidade: a vida. Quem esconde os seus monstros vive-os.

II – AS SURPRESAS DO CONVENCIONADO

> «*O Ocidente está cego perante as consequências da mundialização da economia e dos costumes.*»
>
> Marcel Gauchet,
> *Le Monde*, 2007

Aparentemente nada de mais simples do que o funcionamento de uma cultura dissolvida na economia, nas condições da sua produção, da sua difusão e da sua censura. Nada tão simples como o projecto cultural moderno, que se resumiria à absorção-subversão de todas as culturas existentes em benefício de uma forma e de um conteúdo universais. Nada de mais dado ao comentário, nada mais que solicite a apologia, do que esta reconciliação do belo e do útil, da emoção e da verdade. Não será o sonho enterrado desde Erasmo e Kant que o belo, o verdadeiro e o bem se atribuem e não será a promessa aberta do mundo único?

Nada de mais manifesto, nada de mais falso, sem dúvida. Porque o desenho se esfuma à prova do facto, o acontecimento ultrapassa a sua lenda, o sol do bem propicia ao abandono ficar cheio de monstros frios e a emergência de outra coisa que não tem nome e menos ainda o consentimento se propaga e se difunde.

A cultura-mundo existe, já não é, mais ou menos os homens nesta terra que não a encontraram, seria apenas sob a forma dos DVD de karaté, vindos de Hong-Kong, que no mais profundo da ilha dos Famosos, as crianças da aldeia de Kajang vinham ver no barracão do chefe, o único a vinte quilómetros com electricidade – crianças em procissão, iluminando o seu caminho numa noite sem lua, levando nas suas mãos um punhado de vaga-lumes, de modo que eu tinha a meus pés toda uma montanha para percorrer... Todos a encontram, porque ela se interessa por eles, porque quere-os, mas não há duas pessoas a senti-la da mesma maneira, a sentir as mesmas incitações. Na sua quinta de Wyoming, alguns milhares de acres batidos pelo vento, tórrida no Verão, gelada no Inverno, e a vinte e seis milhas do seu vizinho mais próximo, o agricultor Ted – chamemos-lhe Ted – não regressava antes de chamar os seus cães, Kit e Sage, sempre atrás do coiote esquivo ou da lebre parda, e apagava a televisão com um gesto irritado – tudo isto, são porcarias que vêm de fora, não temos necessidades delas aqui... De fora, era, imagino eu, Hollywood, Nova Iorque ou, pior ainda, São Francisco; ele também sabia o que queria dizer cultura-mundo... De África aos países do Golfo, há centenas de milhões de pesso-as persuadidas que a cultura-mundo é a expressão do complô judeu contra o islão, cujo ponto mais alto foi a simulação do 11 de Setembro; da mesma maneira que os judeus ortodoxos denunciam os ídolos modernos e Satã como obra desses utensílios que não conhecem nem o tempo, nem hora, nem estação do ano, nem o sabat, e afastam o homem de pensar em Deus. Com a ruptura do jejum, em Casablanca, em Dezembro de 2008, estive ao lado de raparigas em *jeans*, de olhar directo sob o véu, bebericando uma Coca-Cola, e em Karachi, no Paquistão, que concede uma parte do seu território à lei dos talibãs, e que avança para a instauração da lei corânica em todo a região, os guardas da zona franca, onde fui retido durante dois dias, passavam as noites a ver *sites* pornográficos da Internet... A cultura X como acesso à cultura-mundo, porque não?

A cultura-mundo é o lugar do paradoxo e da falsa aparência, para não dizer o da confusão e da ilusão. Foi o lugar estratégico da guerra-fria, depois, da hiperpotência americana, agora já não é. Foi o lugar da unidade sonhada do mundo e de um mundo menos submetido do que possuído pelo Ocidente, agora já não é. Há as ONG, a solidariedade que enchem as bocas e que estouram com as sociedades que laminam as classes médias e que faz do isolamento a patologia moderna urbana. Há a consciência do mundo, a emoção planetária, simultânea e convulsiva, que faz vibrar em uníssono perante o espectáculo do intolerável, e há a cultura dos corpos, do bem-estar, o culto da forma, da performance física e da beleza programada dos campeões de si cujos únicos espectadores são eles próprios do outro lado do espelho. E há a cultura da estima por si, do contentamento por si, a cultura dos *psis* e das muletas das almas penadas.

O luxo da enumeração exprime, na vacilação do espírito e na dificuldade de síntese, as surpresas que estão por vir. Porque a sideração exercida pela cultura-mundo provêm em primeira lugar, e quase unicamente, da novidade radical dos utensílios que trazem e da fonte, à partida, única dos conteúdos que veiculam. Acabou. Passado, ultrapassado. As mesmas ferramentas que difundem as representações ocidentais, os valores do Ocidente, os modelos do mundo ocidental, esgotaram a sua magia, e estão, agora, à disposição de todos – de todos aqueles que têm, em primeiro lugar, a resolução, a audiência a seguir, de se servir. E não faltam. Os mesmos utensílios que celebraram a unidade por defeito – não há ninguém para os contradizer ou, simplesmente, para lhes fazer concorrência! – servem, agora, uma dispersão infinita de pontos de vista, uma fragmentação espectacular dos discursos e, no fim, a dissociação das consciências. E a maior surpresa poderia estar para vir, a da apropriação das formas vazias da cultura-mundo pelos conteúdos plenos e duros das culturas, aqueles que terão sobrevivido ao primeiro efeito da surpresa, os que resistem à indiferenciação, os que encontraram na agressão como os que terão ultrapassado todos os recursos de uma maior segurança delas próprias.

1 – O culto do vazio

 «*A experiência vivida torna-se determinante. Assim, o teatro e a orquestra determinam a arte. Talvez a experiência vivida seja o elemento no seio do qual a arte está a morrer.*»

Martin Heidegger

A cultura-mundo apresenta meios surpreendentes – meios que subvertem a experiência física do mundo sensível. Tempo real. Memória ilimitada. Ligações ao segundo. Satélites em órbita. E os milhões e milhões de investimento, em dólares ou em euros. Ela confunde-se com eles. O consumo de produtos culturais esgota a prática – porquê uma hora de piano, quando o CD de Samson François está ao alcance do telecomando? E por que razão devotar-se ao canto, como o fazem com consciência as famílias alsacianas todos os domingos, quando a Callas está gravada para a eternidade num contralto irreal? A reprodução ilimitada, a disponibilidade permanente e o excepcional ao alcance de um clique, mudam as condições da arte e tudo o que diga respeito à criação. Os seus meios devoram a cultura. A sua disponibilidade permanente condena o acesso. A cultura à distância de um clique não é a cultura de nada nem de ninguém.

A acreditar na amplitude inédita dos meios, há pouco inconcebível, a questão do fim da cultura é colocada. Temos os meios da biblioteca universal, que, além disso, se alimenta sozinha – já não é necessário mergulhar no pesadelo de Jorge Luis Borges e imaginar esta biblioteca que toda a sociedade se ocupa a classificar, a arrumar, a consultar: o Google fá-lo muito bem para nós. Realizámos a memória universal, que vai permitir ao dever da memória desdobrar-se sem fim e fabricar a indiferença universal. A ficção do «Museu Imaginário» é ultrapassada a cada instante pela consulta de obras na Internet ou, então, pelo decorrer dos filmes digitais que fazem o inventário dos museus. A cultura do mundo está ao alcance de três cliques – será que se tornou, deste modo, nossa? E temos também os meios da sociedade universal, os da extensão do pequeno comércio ao conjunto dos homens que encontram próteses baratas, disponíveis em todo o lado e universalmente conectadas para encontrar, trocar, debater, para se compreender. Em Novembro de 2008, os estudantes que me esperavam na Universidade de Wuhan tinham observações a fazer sobre o que eu escrevera a propósito do crescimento da China, dois anos antes... Até aqui, um inglês, um francês podiam dizer mais ou menos o que pensavam dos indianos, dos chineses, etc.; acreditavam uns nos outros. Agora, é impossível. Impossível, porque os primeiros a ler seja o que for, vindos de onde quer que seja, sobre a China ou sobre a Índia, são seguramente os chineses e os indianos, que reagem e que intervêm a partir do momento em que se sentem injustamente tratados, desprezados ou apenas mal compreendidos. Testemunha este fim do entre-si, um artigo do *Herald Tribune* de 12 de Março de 2009. As condições do pensamento mudaram. Todos, a partir do momento em que se exprimam, que postem, que publiquem, ficam sob o olhar de todos. O «começo» encontra-se aí, perante nós, ainda não saímos de todas estas determinações banais da distância, do tempo, da massa e do número. É mais difícil especificar o «quê» – os conteúdos da cultura-mundo. É fácil enumerar as manifestações espectaculares, que merecem um instante de admiração, antes de fatigar um pouco. Bach consagrou O Cravo Bem Temperado a explorar as possibilidades de um acorde mais preciso das cordas do cravo, mas O Cravo Bem Temperado não é um caderno de prescrições técnicas. Leos Janáček compôs uma obra de uma força surpreendente, não em despeito de uma grande pobreza de meios musicais, mas em razão dos seus poucos meios musicais[58]. E quanto mais objectos da cultura estão à disposição, menos o contexto está presente – quem pode dizer ainda «eu, aqui, em Casablanca, a 9 de Abril de 2009»... A mesma cultura que o mundo oferece retira os meios concretos da obra, que estão fechados, apertados, que são o acervo, o que é seu. O repertório é muito vasto, os materiais à disposição são, ao mesmo tempo, muito mobilizáveis e muito abundantes para fornecer ao artista contemporâneo o ponto de apoio à sua criação, ao homem de cultura o quadro onde ensaiar a sua experiência, o que sente e o seu saber.

Nós estamos tomados pela ficção dos meios, baralhados nas facilidades das ilusões da cultura instrumental, que substitui os prazeres da ferramenta à disposição, da sua manipulação, da sua remontagem-desmontagem, a

---

[58] Ver as entrevistas de George Benjamin e de Eric Denut: *Les règles du jeu*, Musica Falsa, 2004.

todas as alegrias da convicção, da fé e do comum [59]. O real já não une senão o interesse. A técnica, não mais do que a abundância, faz a sociedade. É o símbolo que reúne ao remeter uns e outros para qualquer coisa de superior e de comum. O «nós» nasce no obscuro, no oculto, noutro lugar místico da fundação, do assassinato comum, do sangue partilhado. É o que os apóstolos perfeitos de uma política de civilização não querem ver; não saberemos refazer a sociedade antes de ter designado o assassinato fundador. E não refaremos civilização sem crença, sem esta fé para os outros absurda, a nossa única luz no caminho (como exemplo da tagarelice conforme, ver o relatório do conselho de Análise da Sociedade, publicado em Maio de 2009 [60], que vigorosamente não escreve uma única vez a palavra «imigração» para tratar da *descivilização* europeia actual!). A obsessão da transparência é o resultado programado da extensão indefinida de redes, de sistemas, de organizações – de todos estes tubos que transportam tudo e nada: palavras, imagens, poder, esperança, vazio – que faz com que a economia do conhecimento caracterize as sociedades que perdem o saber à medida que elas empreendem no comércio. O culto da transparência ameaça por contágio universal o que nos resta de conteúdo, o que é seu e que o distingue. Serve às mil maravilhas esta

---

[59] Ver, por exemplo, o artigo de Joseph Nye e do almirante Owens, conselheiros da administração Clinton, em *Foreign Affairs*, 1996: «A Web é o meio de encorajar uma comunidade de Estados democráticos livres e prósperos.»
[60] Luc Ferry, *Face à la crise. Matériaux pour une politique de civilisation*, Odile Jacob, 2009.

mobilização infinita na qual Peter Sloterdijk acredita ver a alavanca mais secreta e mais eficaz da redução de toda a existência humana à economia. Mas ele coloca também a questão da própria possibilidade de uma obra de arte maior no nosso mundo descontextualizado, no nosso mundo saído do mundo e esmagado sob os seus meios. É necessário pensar um mundo sem obras de arte em que a postura do artista serve para maquilhar a mobilização económica.

Tomámos os meios da cultura pela própria cultura, como os que pagam muito caro compram não importa o quê, ou então, por luxo. Nós estamos aí, perante o vazio, e nós iremos sabê-lo brevemente. Saber o quê? Saber se não fomos de uma grande ingenuidade ao pensar, ao afirmar que «o meio é a mensagem» (McLuhan) e que a Internet, o Facebook ou o Meetic determinavam as mensagens que aqui se trocavam, as vidas que aqui se expunham e os conteúdos que emprestavam uma vida inaudita. Saber se uma imagem nunca diz outra coisa senão o seu comentário – e não importa o que seja, mas a obscenidade da sua difusão planetária. Saber se o termo cultura-mundo não é a mesma fraude do que aquela que sustentava o professor Vandermonde na Escola Normal do Ano III da Revolução, ao anunciar a democracia planetária como resultado automático do telégrafo e a profetizar que «dos quatro meios de governar os homens, o império da força, o peso da autoridade, a influência da sedução, o ascendente da confiança, apenas resta o último» [61]. Sem dúvida.

---

[61] Cortes de 23 de Março de 1795, citado por Armand Mattelart em *Histoire de l'utopie planétaire*, La Découverte, 1999.

Substituam Internet por telégrafo e terão o discurso dos anos 90; toda a gente sabe o que veio a seguir: a força e a autoridade tiveram encontro marcado com a história, e que história! Sob a pena dos gurus americanos, assim como dos seus epígonos franceses, não é raro encontrar afirmações equivalentes; a Net, como meio da amizade universal... Elas conhecerão o mesmo destino.

Se a função central de toda a cultura era a de fornecer uma chave comum da inteligência da sociedade, do mundo, da vida, a cultura-mundo persegue um objecto bem diferente. Não é necessário compreender o que nós produzimos. A cultura-mundo dispensa-nos da curiosidade, do respeito e da distância que são as condições da inteligência. Ao serviço da economização, ao serviço também da mobilização ilimitada do indivíduo pelo crescimento, a cultura-mundo torna, na realidade, toda a sociedade ininteligível a ela própria e a nós; que é bom compreender que se trata de produzir! Ela não desenvolve a consciência de si, confunde-a através de mensagens peremptórias. Não facilita a compreensão do mundo, esconde à força as ideias recebidas e de bons sentimentos. A Europa é o próprio exemplo: com tanto espírito e meios e tão pouco de inteligência!

Toda a cultura é feita, em primeiro lugar, do que lhe está implícito – do que faz de nós os mesmos, do que faz deles os outros, num primeiro olhar. Toda a cultura prolonga no implícito a sabedoria que se desconfia do sol sem sombra, dos puros que não têm mãos e das promessas de felicidade sem partilha. A cultura-mundo denuncia o implícito. Homicídio fundador, vítima expiatória, cerimónias da fusão e do esquecimento... Caves, catacumbas, masmorras... Foi aqui que Cervantes escreveu *Dom Quixote* e Marco Polo ditou as narrativas das suas «viagens»... Queremos ignorar que o ódio, a inveja, o ressentimento e o desejo estão em marcha e que têm mesmo seguidores – que estão na origem de algumas das realizações maiores da humanidade, que desafiam o tempo e o nosso julgamento. Mas a vida privada, do seu lado sombrio, de lixo e de sangue é apenas um sucedâneo, tem aspectos da vida, sem o essencial, que a coloca ao serviço do que é mais do que ela e que sabe que uma vida não vale nada, que ignora o que nela é mais do que ela.

Só aqueles têm direito de falar de cultura, que estão prestes a morrer ou a matar para que Notre-Dame de Paris não se torne um parque de estacionamento ou uma mesquita.

2 – Canto das liquidações

A cultura-mundo participa profundamente deste movimento de liquidação do mundo, que resume o domínio do liberalismo económico sobre o mundo, depois de cerca de dois séculos, e que explica, se não a próxima queda, pelos menos inextricáveis dificuldades com as quais se vê confrontada a partir de agora, e que serão, e que são, a crise da cultura-mundo como cultura do seu desaparecimento.

A primeira liquidação à qual se entregou o liberalismo económico foi o da natureza. Somos confrontados com os seus efeitos; a crise de 2007 começou sob o signo do petróleo a 150 dólares o barril, insurreições da fome e da penúria alimentar. Nós apenas entrevemos as consequências morais e políticas de um mundo pequeno, raro e contado, em que o controlo proclamado do homem sobre a natureza conduz à saída da natureza do campo da experiência humana e ao declínio dos símbolos que fornecia profusamente à sabedoria colectiva e ao imaginário político e religioso. Algumas representações mais potentes da condição humana, onde nasceram o sagrado, os deuses e o encantamento do mundo, desaparecem logo que o contacto com a natureza seja rompido. O que significa o pastor e o seu cão reunindo o rebanho, o lobo à espreita, o fermento na massa ou o sol erguendo-se na sua glória, no tempo da alimentação de plástico, das culturas sem solo e dos céus afogados pela bruma perpétua de Pequim ou de Wuhan? Somos todos convocados para nos tornarmos como os japoneses, para quem uma taça, água e três calhaus é suficiente para fazer a natureza – a nossa cultura é convocada a tornar-se a nossa natureza. Os efeitos desta abstracção merecem uma análise. Porque uma grande parte das nossas representações imaginárias, as que são comuns entre os arawaks, os venezianos ou os asquenazes, desaparece com o afastamento humano da natureza, com a isenção de fenómenos naturais cuja procura do controlo infinito é o objecto. A cultura era de facto rural; através dos animais, ela era cultura de vida e de morte, de sofrimento e de remissão, de raças e de espécies, cultura de ritmos, da duração e das estações, cultura dos limites, da fatiga e do esforço, do clima e do acaso. Quando estes figurantes das veladas nocturnas, em volta da sanfona e das bordadeiras, cantam, no coração de Puy-en-Velay, «Tenho sempre a minha terra na pele... tu sabes, minha terra, que brevemente voltarei para ti», eles cantam sem saber o luto de uma ordem milenar da vida e da morte, que está confundida desde a origem com o género humano – o homem é o primeiro animal que não tem medo do fogo e que enterra os seus mortos.

A segunda liquidação é a das formas sociais que tinha, que ligavam e que estruturavam o indivíduo Isto é recente, e a data de 1968 dá-lhe uma ancoragem simples, mas robusta. Até à libertação dos costumes e fim da decência, o capitalismo é sustentado por modelos de comportamento e de estruturas sociais que lhe são estranhas e que devem muito ao mundo da religião ou da ideologia; altruísmo, gratuitidade, responsabilidade, dever são algumas das referências que explicam porque razão, depois de tudo, os professores não dão as melhores notas aos alunos que lhes pagam, e porque razão uma grande maioria de funcionários faz o seu trabalho sem motivação financeira, porque ela acredita no serviço do Estado. Os anos 60, 70 e 80 do século XX, obstinam-se a fazê-la desaparecer, em nome de um liberalismo societal levada com entusiasmo pelo que não é ainda a esquerda da esquerda e de um relativismo exclusivo: é proibido julgar! O liberalismo dos costumes realizara numa geração este prodígio: fazer a dissolução das formas e das estruturas que ligavam o indivíduo e o colectivo, as comunidades em sociedade e as sociedades em sistema político, um dos recursos, senão mesmo o recurso fundamental do regime de crescimento infinito. Libertação do pudor, da decência, do conformismo social, mas porquê? Para uma submissão galopante ao mercado, à mobilização e à concorrência generalizadas, à contratualização das relações humanas – de todas as relações humanas. Professor na London School of Economics, Lorde Layard dá o resultado: nos anos 60, 60% dos adultos americanos pensavam que podiam ter confiança nos seus vizinhos. Hoje, eles são menos de 30%.

A terceira liquidação procede desta. Realiza-se sob a influência do Bem, do Universal, e encontra a sua fórmula na expressão dos direitos do homem. Diz que nada do que é humano poderá ser estranho para nós. Proclama que os direitos são os mesmos para todos, que todos os homens são os mesmos, que todas as diferenças têm o seu lugar no seio de cada sociedade e que nenhuma discriminação será tolerada em nome de qualquer uma unidade interna. Afirma e propõe-se realizar na prática os direitos ilimitados do indivíduo contra toda a colectividade que propor-se-ia obrigá-lo. Ao fazê-lo, relativiza as conquistas do que se chamou civilização e que tomou a forma política precisa da laicidade, da democracia representativa, da lei do sufrágio universal, inebria-se das liberdades individuais que inventou contra as selvajarias passadas da terra, do folclore, das nações e das crenças. Ao fazê-lo, consagra o homem nu, o nómada, o isolado, indefinidamente móvel, sempre desligado de tudo, livre de tudo que não se relacione com o seu interesse, ou com a ideia que faz dele e condena de antemão toda a sociedade constituída. Ao fazê-lo, substitui o homem concreto, daqui e dos seus, o indivíduo abstracto que só os seus direitos o definem. Obviamente, o movimento exactamente inverso tem lugar. Certamente, a luta contra as discriminações, pela igualdade dos direitos e de condições, reduz permanentemente a diversidade humana. A paridade é um instrumento eficaz para fazer das mulheres homens como os outros, e o respeito pelas diferenças é a armadilha estendida pela Europa, que confronta o islão com o seu desaparecimento progressivo na sonolência tagarela da Televisão por satélite e da Internet, como conduz os europeus ao esquecimento de si próprios. Todos são, sem dúvida, nossos, porque todos nós somos dos outros como eles, ou seja, humanóides sob bolhas estanques e câmaras de vigilância, comunicando por teclado e exprimindo-se através de um ecrã interposto! O que a diferença preservava, o que as discriminações encorajavam, certamente na injustiça, por vezes até ao desespero, o liberalismo dissolve na ausência, no vazio acolchoado e confortável das grandes praças europeias ou nas notas especificadas em euros, nas quais nada de humano se poderia ver. 2010 é proclamado o «ano da biodiversidade». Para quando um ano da diversidade humana e da salvação das culturas, das civilizações e das identidades em perigo de extinção devido à agressão da cultura-mundo?

O mundo está à nossa frente e nós não conseguimos ver nada. A profilaxia ultrapassou o domínio médico, tornou-se técnica cultural, e a política dos direitos do homem, a moral da indiferenciação e da não-discriminação servem-nos tão bem de álibis para nos fazer desinteressar totalmente pela realidade do mundo. A questão não é tanto a da uniformização de todas as culturas no seio da cultura-mundo, mas a da ignorância que se tornou cultura. É bom não compreender nada; compreender é começar a desobedecer. Porque disponibilizar o mundo em benefício da casta que anda de avião, que fala inglês e que adora as ONG, é acompanhado por uma indiferença pelo mundo que esconde mal a sua recusa – e, de resto, o Tribunal penal internacional está aí para emitir mandatos de prisão, deter e julgar todos aqueles que vivem simplesmente a sua história, a história do seu povo, da sua nação e que sabem que a vida e a morte são o único jogo verdadeiro.

No termo desta liquidação, um neutralismo militante, autoritário, reina sem partilha. É proibido que haja sagrado, e que se lhe faça referência; é proibido que nada esteja acima do interesse individual e todo aquele que sugere que é possível morrer ou matar por outra coisa que não seja a sua própria vida é interdito. A cultura não sai indemne. Ela é solicitada a nunca mais determinar. Não deve discriminar. É chamada a abandonar toda a pretensão à transcendência, toda a função vertical, para se tornar um produto como os outros, disponível para entrega. Se a cultura é o que sucedia à natureza na história da indústria e do génio humano, se a cultura e a natureza se opusessem como duas margens entre as quais correm as acções e os sonhos dos homens, o rio ficava sem leito e estas referências, ao mesmo tempo, faziam-nos falta. Porque a liquidação da natureza como natureza, ou seja, gratuitidade, super abundância, infinito, é também, e irremediavelmente, liquidação da cultura ou, pelo menos, desta cultura que era transfiguração da natureza; ao perder o seu ponto de apoio, também ela se despenha nesta vertigem; produzir a natureza é também, e com o mesmo movimento, produzir cultura, uma outra cultura. O fim da natureza é também, e talvez sobretudo, o da cultura.

Naturalmente, igualdade, naturalmente, indiferenciação. Mas qual é a mais respeitosa, a do missionário que crê na virtude mágica das máscaras e que as queima porque acredita no sagrado e que vê nelas uma forma poderosa do sagrado que ameaça o que traz, ele, crente, ou daquele que vê nelas as belas formas decorativas, de agradáveis cores e as coloca num museu, totalmente insensível à parte do sagrado, da magia e do encantamento que elas contêm? Não é que eu queira absolver o padre Laval, que realizou autos de fé com estátuas e máscaras em Rangiroa sob o pretexto de «elevar as populações». Não é que eu queira esquecer os escuteiros maqueiros que, em Lourdes, em 1972 – ainda! – falavam em partir para África para queimar os ídolos – estes seriam mais tarde belos candidatos às ONG, imagino eu! Não é necessário ser um crente a apertar no seu bolso as contas do rosário, para compreender verdadeiramente o que um muçulmano sente quando estende o seu tapete e se prostra, e para levar a um canto da sua consciência o que sentem os felás quando se curvavam diante da silhueta multiplicada do faraó ao invocar o Nilo e a chuva para encher os celeiros! O que ainda comove nos museus, nas igrejas, vem do sagrado. E o que aumenta as filas de espera à porta dos museus, o que coloca questões inéditas de regulação de fluxos de visitantes em todos os grandes museus do mundo, o que faz também que todas as grandes novas megalópoles do Sul paguem para ter o Louvre, o MoMa ou um Van Gogh, é simplesmente o que faz com que nas máscaras arrancadas, roubadas à sua terra e aos seus do cais Branly, alguma coisa fale ainda do horror do ser humano, da dignidade da permanência e da vida que não se satisfaz.

3 – O poder desconhecido

A Internet, o telemóvel, as marcas de luxo, as séries de televisão, as obras de gestão que invadem as bancas dos aeroportos de toda a Ásia, o painel que faz desfilar infinitamente os números da Bolsa, dos câmbios e das taxas...

O nome actual francês de *soft power*, o que Hillary Clinton chama, agora, *smart power* e que consiste em substituir o confronto preciso do campo de batalha ou da concorrência do mercado pelos mecanismos retirados, confusos, das representações, das palavras e, porque não, dos sonhos. Sim, sonhos, este último e decisivo campo das batalhas que contam doravante, as que não têm de ser entregues porque já estão ganhas, ganhas noutro lugar. Os missionários viram-no bem, o sonho era o Deus dos índios exterminados e submetidos pela conquista dos impérios Asteca e Inca – o sonho, este Deus sobre o qual os exorcismos e as fogueiras dos missionários não eram tomados, esta terra para sempre roubada ao comerciante e ao banqueiro... E o sonho, agora, tornou-se o campo de todas as colonizações, o terreno das derrotas efectivadas dos que, literalmente, assumiram a liderança – o sonho, que expande arrozais em florestas e savanas em matagais, as imagens do ideal americano, e as promessas sempre inatingíveis de uma vida melhor, de uma vida como ali se vive, no paraíso anacrónico que difundem implacavelmente as séries hollywoodianas.

A manifestação mais presente da cultura-mundo é inesperada: é a da ordem. Cultura como chamada à ordem, como reordenação de um mundo confuso e desordenado. Cultura como meio de um outro poder sobre o mundo, mais ecónomo, mais discreto, mais eficaz também. Cultura através do esquecimento e da ignorância, o esquecimento e a ignorância que permitem assegurar a ditadura do instante sobre as insubmissões do saber e da história, que permitem liquidar o passado e prometem a todos fugir da corrupção das origens na verdade do presente – de estabelecer a superioridade do presente ao suprimir toda a comparação possível com outros tempos, com outras sociedades, com outros lugares. O que é que a história, corrigida pelo dever de arrependimento e pelo da memória, senão o pedestal pacientemente erigido à superioridade enfática do presente? Ao conjurar o tempo e o espaço, a nossa cultura reduz a consciência e suprime a imaginação. Nisso, ela procede do poder servindo-o. Nada de novo neste domínio, desde o *panem et circenses* romano, da atenção maníaca da censura vaticana e do *imprimatur* dos bispos, da vigilância policial dos vendedores ambulantes e dos difusores de maus livros, de maus pensamentos e de más imagens... Nada de novo no intuito de evitar às populações as informações, os discursos e os pensamentos que poderiam voltar-se contra o seu interesse, bem entendido – entendida a conformidade com o seu ofício, a resignação à ordem e a obediência à lei e ao senhor. Nada de novo na ideia, no fundo banal, que não é dado a todos pensar, que o julgamento é uma arte difícil e que mais vale evitar que a gente comum pense, julgue e que se arrisque em domínios que não são para ela.

Simplesmente, os meios mudaram. Simplesmente, os meios da comunicação planetária, do entendimento universal, os que fazem uma rede de amigos com três cliques e difundem as fotos nos antípodas em tempo real, são, ao mesmo tempo, formidáveis ferramentas a adequar, a reduzir e a fixar as normas ao campo do pensamento, do dito, e mesmo do sonho, pela saturação das faculdades de sentir, de ver e de pensar. Simplesmente, o interesse do consentimento obtido por impregnação, sugestão, adesão espontânea, e o de uma imensa economia do poder e da responsabilidade, o maior poder ainda de uma invisibilidade do político e do Estado, que podem, então, associar-se ao que verdadeiramente conta – fazer dos indivíduos isolados e convencidos de uma liberdade cujos sinais incontestáveis arvoram, uma massa insubmissa e de acordo com a competição.

Vale a pena parar um momento sobre as novas condições da cultura, ou seja, da inscrição da expressão, da criação e da vontade humanas, tais como a administração democrática, sob o nome de *smart power*, começou a desenvolver. Em primeiro lugar, para constatar a importância, a importância manifesta, uma vez que ela pode ganhar as guerras que os exércitos não ganham! A seguir, para medir o que significa a apropriação da cultura na ordem das armas à disposição. Finalmente, para apreciar os efeitos das mudanças concretas das condições da cultura, ou seja, da sua difusão, do seu acesso, como da produção dos seus bens e serviços. Porque as condições efectivas do que ordena a consciência de si, do que sustenta o debate e a decisão pública, têm radicalmente mudado desde, pelo menos, há vinte anos, ao ponto de que a indústria dita da cultura poderia chamar-se mais precisamente indústria da conformidade, ao ponto de que uma grande gargalhada deveria acolher as pretensões dos artistas, dos criadores, dos ensaístas a fazer progredir a consciência e a libertar o indivíduo, uma vez que a sua função provada, e de resto eficaz, é fabricar humanóides desprovidos de qualquer aspereza, de qualquer convicção, incapazes de conceber o que ultrapassa a sua existência individual e, além disso, incapazes de se defender como de atacar no que acreditem, uma vez que é proibido acreditar seja no que for.

Descrever este movimento seria medir o colapso do ensino das línguas estrangeiras nas universidades americanas[62], o baixo número de livros traduzidos noutras línguas, medir que no momento das banalidades sobre a cultura-mundo nunca as sociedades foram

---

[62] Ver sobre este assunto a *Harvard Business Review*, Maio de 2009.

tão fechadas sobre si mesmas, nunca as línguas foram tão particularizadas, intraduzíveis e nunca a falta de curiosidade foi tão forte. Sob a cobertura da mundialização, o refluxo das sociedades no seu implícito e na sua facilidade interna está comprometida; à força de tudo tolerar, mais nada interroga e questiona, a indiferença absoluta é o efeito da emoção planetária. Isto seria apreciar a perda do retrocesso, da distância, desta elegância que eram os frutos da cultura, em benefício do cinismo e da histeria que traduzem a incapacidade de aceitar o que incomoda, perturba, afronta, uma incapacidade política maior, no fim uma degradação moral e um retrocesso da civilização e dos costumes. E isto seria na Europa, simplesmente, fazer a história da censura, do delito de opinião e de sanções múltiplas, reforçadas, para a expressão incorrecta. É necessário reler a história da condenação de Baudelaire pela sua obra *As Flores do Mal*, é necessário reler o drama que a acusação de obscenidade representou para Flaubert, é necessário lembrar aqueles que foram presos, supliciados, queimados, aqueles a quem foi interdito publicar, de pregar e de aparecer em público, para entender já o que os historiadores, os romancistas, os eruditos dirão de nós mais tarde e imaginar a maneira como julgarão a hipocrisia do tempo que a liberdade na ponta da língua e as tesouras do censor na mão. O país dos panfletários, de Voltaire e de Drumont, reinventa o delito de opinião! «Liberdade para a história» (não da associação presidida por Pierre Nora) tornar-se-ia numa grande palavra? A força, e mesmo a violência, dos meios da cultura-mundo obrigariam ao restabelecimento do *imprimatur* e à extensão do delito de opinião? Estranho fim para o individualismo proclamado que esta conformidade obrigava! Estranha sociedade do conhecimento, que sacrifica os saberes da história e da geografia em benefício do pensamento correcto, uniforme e sem discordâncias! No fim, trata-se menos de reescrever a história e torná-la conforme do que proibi-la – tudo para que o movimento dos povos, o jogo de interesses legítimos e das diferenças irredutíveis não se traduza por um reinício da história que levaria ao renascimento das identidades colectivas e ao desejo de compreender e de julgar para agir!

Só, o indivíduo conforme, normalizado, regularizado, sem aspereza e sem arma, encontra o seu lugar no éden individual em que o político assegura bem a infra-estrutura de manutenção. Na busca de novas regras para o parque humano, ou o cão que conduz o rebanho, a cultura tem um lugar maior, ela é o cão e fecha o parque. Reduz-se a variações sem talento sobre os grandes temas ao gosto do momento, da mestiçagem, da diversidade, da unidade do género humano, da democracia planetária. Sem ver que já não há nenhuma possibilidade de que alguma coisa de conto de fadas se realize. Sem medir o abismo de irrealidade no qual mergulha as suas vítimas, condicionadas a preferir o mundo do seu ecrã, a conhecer apenas o virtual como exterior, e o tempo que lhe será necessário para regressar ao mundo real, onde se exacerbam as diferenças, onde o ódio, o ressentimento e a violência têm o papel que sempre foi o seu, o dos renascimentos fecundos e dos recomeços radiosos.

III – O QUE ANUNCIA A CULTURA-MUNDO

Fim de culturas, certamente. E fim também, do próprio movimento, da cultura-mundo. Porque a cultura-mundo é uma vitrina. Ela esconde mal a liquidação do mundo. Ficção que continua de pé, cena que faz tremer os movimentos que brevemente arrancarão as cortinas, que levarão os actores e os espectadores e dispersarão sempre as tiradas nunca acabadas... O reinício da história, a amplificação e aceleração das crises nascidas da confrontação com a escassez do mundo, a redescoberta das verdadeiras paixões dos homens privados de nações e expulsos da terra, que são apenas étnicas ou religiosas, fazem compreender um amplo material, que é o da pós-cultura-mundo. O nome do que vem e que ninguém estará mais ou menos à espera. Porque o desvio é tão grande, a distância exigida tão vertiginosa...

1 – *O novo curso*

Nós somos os primeiros homens por toda a parte confrontados com a pequenez do mundo com o esgotamento da natureza. É a inversão inesperada do totalitarismo do crescimento. A super abundância, a gratuitidade, a liberdade da natureza, acabou. A surpresa é grande. No termo do abandono das relações de força e de interesses efectivo para a compaixão e bons sentimentos, há desordens, ódios, caos sobre os quais a razão perdeu controlo. No fim da indeterminação dos indivíduos por outra coisa do que a sua vontade, há o choque contra a escassez dos bens vitais e há a morte.

A revelação que a morte está aí, sempre aí, que ela é possível, que poderia mesmo resultar da força que nos leva para a frente desde há três séculos, é o efeito mais surpreendente e o mais violento da mundialização. Ela interpela a cultura-mundo, porque muda as condições concretas do seu desenvolvimento e do seu poder de atracção – cria um novo mundo.

1 – Mundo de retorno ao físico e ao real. Os automóveis têm carroçarias de metal, os plásticos são fabricados a partir do petróleo e as casas como os imóveis precisam de pedra, de areia, de madeira e de vidro. E o fogo mata. O regresso dos bens reais está escrito. A questão não é a das conexões da Internet e do alto débito, do mundo virtual e dos avatares, é a da água, do arroz, da floresta, do ar. A escassez era o facto económico que a super abundância fez esquecer, ao gerar distribuições aberrantes de lucros e de património. A questão de acesso aos bens vitais vai dominar o mundo que está por vir, com a perspectiva razoável dos bens reais racionados e de uma explosão do preço da vida; a evolução dos preços alimentares, com uma triplicação do preço do milho, do trigo, de Janeiro de 2006 a Janeiro de 2008 no CBOT (o mercado a prazo dos produtos alimentares, situado em Chicago), dá um exemplo do que se passa e dos desafios reais [63]. A penúria alimentar é um dado provável nos próximos dez anos. Provocará movimentos migratórios de uma importância

---

[63] Cf. Jorgen Moller, «The Return of Malthus», *The American Interest*, Julho de 2008.

inaudita; os homens partem ou a terra alimenta-os. Será necessário acrescentar que a conflitualidade é o efeito imediato de uma tal situação? Retornamos ao mundo da primeira mundialização. A riqueza dos bens reais torna-se a primeira riqueza. E a cultura será a cultura da escassez, a cultura da poupança e da salvaguarda, a cultura do respeito, da abstenção, da moderação.

2 – Mundo calculado, pequeno, limitado; não haverá para todos. As promessas dos fundos marinhos em volta das ilhas Falkland ou Asunción acordam as rivalidades entre a Grã-Bretanha e a Argentina, as riquezas do Árctico suscitam uma nova expedição ao pólo e a abertura da mítica passagem Noroeste ao tráfego marítimo subverte a carta estratégica. Cada uma das potências envolvidas planta a sua bandeira, traça as suas posições e pára com a sua estratégia. Num mundo finito, o que é tomado a um é retirado a outro. Esta mudança tem grandes consequências nas relações entre indivíduos, entre comunidades, entre Estados; ninguém arriscará a antecipar o que se poderá passar se realmente não houver para toda a gente – ar, água, espaço, alimentação. Muito concretamente, cada passageiro de um Paris-Tóquio, cada automobilista que desafie os radares e faz Paris--Nice a 180 km por hora está a retirar a outros o ar que respiram. A cultura do individualismo, ou seja, de uma extrema liberdade no emprego do espaço público e na apropriação privada dos bens comuns, confronta-se com este mundo. O mundo, o nosso mundo, acabou. Apesar da advertência de Paul Valéry, nós ainda somos inconscientes, habituados como estamos a uma natureza gratuita, inesgotável e cuja vitalidade apagava todos os

crimes; acabou. E não medimos o que significa a entrada de 6,5 mil milhões de homens e de mulheres num desejo único; mais de metade terá no próximo ano um telemóvel! É o resgate da fogueira da diversidade que nós faremos arder num grande fogo. A cultura-mundo lança desejos infinitos a um mundo finito, está posto de parte que todos disponham de meios para os seus desejos e seriam necessários nove planetas para fazer viver a população mundial segundo os standards californianos. A cultura-mundo, também nisto, é culpada pelo desaparecimento do mundo.

3 – Mundo invertido. Esta inversão é da mais alta importância cultural, porque significa que o Ocidente perde inevitavelmente a iniciativa do mundo, por incapacidade de exportar os seus homens, pela própria capacidade de conservar os seus próprios territórios; os politólogos americanos, que já consideram a Europa continental como terra do islão, não consideram que a cultura-mundo tenha ganho, mesmo que ela seja irreversível na própria Europa... E não é somente no Golfo Pérsico ou no Irão que o fundamentalismo e o extremismo muçulmano ameaçam. O facto demográfico é implacável: países velhos, ricos e vazios atraem homens de países pobres e jovens. A notícia é importante para a irradiação das culturas; demografia e geografia económica aproximam-se, depois de terem estado completamente divorciadas[64]. Antes de 1820, a Índia e a

---

[64] Cf. sobre este assunto, Richard Rosencrantz: «Size matters», *The American Interest*, Julho de 2008.

China eram, de longe, os dois países economicamente mais activos do mundo, perante a Grã-Bretanha e a França. Durante um século e meio, a sua profundidade demográfica constituiu um *handicap* determinante. A mundialização permitiu-lhes utilizar a sua arma única: o trabalho gratuito. Aprendem, acumulam, investem. Em menos de vinte anos, estarão entre as três primeiras potências económicas mundiais (na condição de que a sua estabilidade política interna continue). Produzem já, os países ditos «em vias de desenvolvimento» que concentram 80% da população mundial, mais de 55% do PIB mundial, em paridade com o poder de compra. Em 1960, a Europa era mais povoada do que África. Em 2030, a relação deverá ser de um para três, 500 milhões de europeus 1,5 mil milhões de Africanos (Jeffrey Sachs avaliou em Agosto de 2008 a população africana em 1,8 mil milhões no ano 2050!); e o crescimento económico da maioria dos Estados africanos estabelece-se, hoje, entre os 5% e os 10%, sustentado na exploração das suas matérias-primas. Só um etnocentrismo inveterado nos faz acreditar numa superioridade congénita, que garantiria a aberrante situação que se queria ainda nos anos 90 que 80% da riqueza financeira da humanidade estivesse concentrada em menos de 10% da população global; e o que dizer da concentração recente da iniciativa cultural – do poder de emissão de representações e de símbolos?

4 – Mundo de decomposição-recomposição do comum – o comum sendo estendido como o que diferencia os membros de um grupo humano que se autodetermina. É porque os homens não são idiotas racionais que isto

funciona, é quando se tornam, por exemplo no Lehman Brothers, Citigroup ou Merrill Lynch, que a finança explode. É porque alguns, para dizer a verdade um grande número, conservam noções tão estranhas sobre o projecto liberal que o interesse colectivo, a honestidade na troca, a sinceridade, o amor do trabalho bem feito, só com o mínimo de confiança, de tolerância e de flexibilidade indispensável pode ser assegurado. Eles assumem a parte não contratual do funcionamento colectivo; são os depositários do implícito sem o qual uma sociedade se bloqueia; encontra a sua conta na gratuitidade dos sistemas cooperativos, formais ou informais, indispensável contrapartida à intensidade concorrencial dos sistemas de mercado e mantêm em vida uma cultura de relações humanas sustentada na gratuitidade, no ser-conjunto e na exclusividade do grupo. Donde este fenómeno surpreendente que, no momento em que a saída da religião parece consumada, a religião continue de tal maneira estruturante no debate público. Donde o carácter confuso dos apelos à moral, à ética nas sociedades em que precisamente só o interesse individual é que supostamente conta. Donde o apelo permanente à solidariedade nas sociedades que evacuaram toda a relação, toda a pertença, do lugar comum. Donde a ambiguidade essencial dos Estados Unidos, erradamente identificados com o liberalismo, ainda que seja o fundo vivaz de virtudes individuais e a malha fechada de comprometimentos colectivos que fazem manter uma sociedade americana viva face a um nível de concorrência e de competição desconhecido noutro lugar. Para cada americano, ser americano não é um detalhe da sua história, mas uma particularidade fundadora.

O efeito é visível; sob a camada ideológica distintamente espessa do liberalismo, uma corrente sobe das grandes profundezas, que tem menos a ver com a natureza do que com a preocupação de sempre: sobreviver. A primeira insegurança a aparecer, directa ou indirectamente pelos seus efeitos sobre os comportamentos colectivos ou individuais, será o do meio de vida; e ela procede muito simplesmente das incertezas sobre a capacidade de sobrevivência dos seres humanos no seu meio. Sob o signo da sobrevivência, em nome da política da vida, um movimento bem diferente do movimento liberal surge:

1 – Superação da economia tradicional, sobre a qual estão sustentadas as comparações internacionais, as medidas de desenvolvimento, sobretudo a que tomou de facto a direcção das nossas sociedades desde que o liberalismo fez do crescimento uma obrigação absoluta. Vamos reaprender que o mercado é uma instituição, ou seja, uma pessoa moral dotada de um poder colectivamente acordado e que a nossa economia de mercado está morta sob a forma que a primeira revolução industrial lhe deu. Ela postulava a gratuitidade da natureza e dos recursos naturais. Não somente eles são limitados mas em vias de serem esgotados e cuja questão da sobrevivência está em primeiro lugar, sendo a segunda a da segurança oferecida. A corrida aos bens reais está comprometida. Terá consequências inauditas. Distanciar-se, separar-se, estar só, vai tornar-se um luxo. O virtual é o único espaço onde será possível o que a saturação do mundo real proíbe.

2 – Regresso dos territórios: ali, onde os homens vivem, respiram, se abrigam, comem, se encontram, é lá o que conta. A política da sobrevivência não será outra coisa do que uma política de territórios, de cidade e de autoridades locais. Descobrimos este paradoxo. Para tratar os fenómenos universais e mundiais do ambiente são menos necessárias instâncias internacionais do que Estados na plena posse do seu território. É o tema do *State's building*, que toma o seu lugar entre os novos princípios maiores da Defesa americana.

3 – Desestabilização da ordem económica, mesmo regressão acelerada da crença económica, provocando uma angústia moral e existencial, ela própria de natureza a suscitar a busca desvairada do colectivo e das identidades. «O trabalho é a melhor das polícias», dizia Nietzsche; o que se passará quando se tratar de limitar a guerra à natureza? Não medimos a que ponto, sob o signo da indeterminação, mais do que indivíduos, fabricámos isolados, ou seja, seres sem referências, sem estruturas, capazes de tudo e de todas as violências. É o resgate da mundialização e da violência com a qual, sob o pretexto da tolerância e do respeito, esmagámos a diversidade do mundo, ao fechar os nichos geográficos e ecológicos onde os homens perseguiam a sua história diferente da nossa. Convidámo-los, forçámo-los a entrar na nossa, sob pena de morte; que exemplo se dá com a tentativa de reduzir as últimas tribos livres da fronteira do Paquistão com o Afeganistão, ou de liquidar as populações dos altos planaltos indochineses ou bolivianos, em nome da salvação improvável dos drogados do Harlem! Não medimos a que ponto demos a partida para

uma corrida às identidades cujos primeiros efeitos já estão aí, ilegíveis segundo os nossos critérios económicos e jurídicos. O recurso às intermediações colectivas para assegurar a sobrevivência está já comprometido; ninguém luta sozinho, ninguém dura muito tempo só. A cultura que virá será o meio das separações vitais e das identidades fundadoras.

4 – Força de pesquisa. Face às ameaças vitais, face à pressão do desenvolvimento, à violência do totalitarismo da economia, o regresso ou a adesão à força é uma aspiração de povos e indivíduos expostos ao desenraizamento e ao isolamento, cujo orgulho é ou será o primeiro motivo de agir. Que dirá o que o orgulho devolvido aos russos por Putin, após a pilhagem da sua terra nos anos 90, significa para o futuro da Europa! Que dirá o que a consciência de acabar com dois séculos de pilhagem e de humilhação significa para a China a para a Índia! E que medida representa o Islão para algumas centenas de milhões de homens e de mulheres condenados à miséria do indivíduo consumidor, a única via aberta para a dignidade! Só colectividades potentes garantirão as suas condições de sobrevivência, se necessário pela força. A força política e militar não pode deixar de aparecer como salvaguarda dos que se sentirão pobres face ao mercado e às regras da economia. E a conjunção do aumento dos preços dos bens reais, do desenvolvimento e da difusão universal dos sistemas e dos métodos para este efeito: a força aproxima-se da população e o momento em que os dois países mais povoados do mundo estarão também entre os três mais potentes está próximo, os primeiros

emissores de signos e de representações. Um universal chinês, indiano, turco...; nós cá estaremos e veremos os primeiros efeitos.

2 – Os tempos bárbaros

A cultura-mundo faz desaparecer o mundo. Mas o retorno da escassez vai varrê-la. Tudo o que dissimulou, a morte, o sofrimento, a violência, a paixão, a poesia, a responsabilidade, vai reaparecer com força.

Sobre os escombros do que foram as culturas, tudo pode aparecer. Tudo se pode jogar. E, primeiramente, no vazio imenso cavado pelo desaparecimento do sagrado, pela ruína da estima por si e pela confusão espalhada pelo mundo que destruiu as singularidades.

A questão do sagrado é colocada pelo desaparecimento do religioso, da sua exclusão das infra-estruturas. Este desaparecimento não é outra coisa senão o efeito da destituição da vida e da anestesia generalizada das existências particulares. Por todo o lado onde as forças colectivas se manifestam, seja em Jerusalém ou em Cabul, na tarde do dia 11 de Setembro ou perante as sequelas do ciclone Katrina, após o tremor de terra do Haiti, do Henan ou do tsunami do sudoeste asiático e mesmo perante os massacres que continuam a esvaziar da sua população a terra da África central, no Congo Norte, o sagrado manifesta-se. É o outro nome da identidade ou da separação. É o que distingue. É o que vem dizer que o cartão de crédito não substitui o bilhete de identidade.

É o que põe fim ao apartheid entre os mesmos, os que têm um Deus, uma fé ou uma terra entre eles.

A cultura-mundo concentra-se em fazer desaparecer estas ocasiões de contentamento e de estima por si. O resultado mais certo desta evolução e mesmo da vontade de dar acesso à cultura para todos, é uma espoliação. Ali, onde os pobres eram apenas pobres de dinheiro, mas podiam dispor de uma cultura original e forte, mas podiam viver com uma facilidade e mesmo com uma riqueza moral e psicológica considerável noutro lugar, em domínios onde o dinheiro apenas tinha um papel marginal, apagado, negligenciado, a entrada da cultura no mercado espoliou-os, da mesma maneira que a mundialização e a reunião esperada ou forçada dos signos de pertença mundial à cultura de mercado, privou-os das suas singularidades deliciosas, das suas particularidades minúsculas que os colocavam fora do mercado e acima das questões de preço. Sobrevivem ainda, aqui ou ali, nas margens, longe, homens e mulheres que sabem o que quer dizer cultura francesa, cultura republicana, cultura cristã.

Claude Lévi-Strauss recordava-o, não há bárbaros como aqueles que consideram os outros como tais. Nesta medida, nós que nos sacrificámos à guerra contra o Terror, que denunciamos diariamente os novos pedófilos, novos racistas, novos extremistas, novos cúmplices do comunismo, nós que colocamos diariamente novas palavras, novos autores, livros, propostas, opiniões, ideias, no índex, conheceremos bem os novos e apresentáveis bárbaros que produzimos? Nós que não estamos longe de retornar aos nossos antepassados, aqueles que fizeram a sua guerra, e todos aqueles que os precederam, na fila dos bárbaros dos quais nos desviamos com um horror declamatório – eles eram brancos, machos e cristãos – saberemos os bárbaros que estamos a preparar nas nossas escolas, nos nossos liceus e colégios, nas nossas universidades onde já não se sabe falar francês? (Mas falar francês não será discriminatório?) Com uma inconsciência absoluta, nos risos e sussurros de ganância, nós somos os saqueadores ingleses do Palácio de Verão e os seus comparsas soldados franceses perdidos na capital do Céu. É o preço da guerra sem prazo lançada contra a história, contra a geografia e, sobretudo, contra os povos do mundo – contra as singularidades em benefício deste uniforme da Kulturmundo.

A nossa nova barbárie é a da conformidade, a da norma e do direito, mas também da indiferença. Agora, diariamente, uma língua desaparece, diariamente reduz-se um pouco mais o espaço cujas últimas comunidades humanas, distantes dos evangelistas e dos comerciantes chineses, dispõem, cada dia, de formas sociais milenares, com a sua estrutura de crenças, ritos e costumes, são um pouco mais abaladas, apagadas pela maré de representações da técnica e do Ocidente. Não é por acaso que o imenso campo aberto pelos etnólogos permaneça tão pouco explorado pela filosofia e pela ciência política. Como imaginar que os Astecas sejam sinónimo de outra coisa que não seja de sacrifícios humanos, que os Iban nos ensinam outra coisa que não seja a arte da zarabatana, e que as iniciações bárbaras, para nós bárbaros, de jovens índios tenham qualquer coisa a dizer sobre o género humano e sobre nós próprios! O que leva ainda a acreditar que estas fantasias, ou velharias como a Bíblia, o Alcorão, o Evangelho, possam falar aos homens do presente, ao homem revisitado pelo mundo da cultura? Liquidação certamente, e em vias de chegar ao fim. Ignorância, em vias de desenvolvimento, seguramente. Mas ainda mais, barbárie nascente daqueles que remetem e lançam no nada a diferença e a história, dos que pensam que a imensa diversidade da experiência humana não pode fazer mais nada por eles, e que o governador inglês, ao descobrir o sistema de castas, dissera «que horror!» tinha, no fundo, muita razão.

Com todas as honras, sob os volumes espessos de *Lieux de mémoire*, é ao desaparecimento da história como actualidade e como lição do futuro que nós assistimos. Dever de memória, sem dúvida. Quando há vítimas com herdeiros, quando há prejuízos e interesses e restituições possíveis... Este desaparecimento de obras-primas concretiza-se sem se olhar para trás e geralmente sem remorsos, em nome da universalidade dos princípios europeus e da superioridade manifesta do Ocidente, em nome de um respeito afirmado nas diferenças que dissimula mal um interesse cada vez mais reduzido pelas sociedades, pelos costumes, pelas regras, realmente outras para além das nossas. Quer se trate de estruturas que garantam a cada um de nós um papel modesto mas seguro e reconhecido na sociedade, quer se trate dos ritos que fazem, de cada uma e de cada um, um membro igual da comunidade, quer se trate de formas sociais ou religiosas pelas quais cada sociedade tentou premunir-se contra os demónios que são o cinismo, a desmedida ou a desordem, tudo isto passou por lucros e perdas da individualização e da modernização, como se a estima de si, a felicidade individual e o florescimento colectivo fossem o nosso apanágio! Inconsciência, sem dúvida, presunção e pretensão ainda mais. Ausência, sobretudo, total, do respeito por aquele que é verdadeiramente outro, para o que choca, para o que escandaliza e que manifesta uma diferença irredutível, e por esta mesma razão deveria ser questionado, analisado e preservado com o respeito devido às manifestações mais extremas do génio humano! As castas na Índia, as cerimónias de iniciação em África ou na América Latina, assim como os ritos católicos ou ortodoxos, a vida monástica ou a dos hassidim, os pescadores Vezos de Madagáscar ou os Bugis, nómadas do mar indonésio, assim como os agricultores de Aubrac ou os criadores de gado de Wyoming, são obras de arte vivas, transmitem tesouros da invenção e da adaptação humanas, e a sua frequentação respeitosa, e o seu tratamento por tu prolongado, quando são uma experiência vivida, contêm muito mais de uma cultura verdadeira que todos os Museus de artes primitivas que insultam os deuses mortos e a magia passada das máscaras!

A cultura-mundo acelerou a saída das fronteiras, das instituições e das autoridades, fez delas dogmas, ela tem todas as possibilidades de criar condições de conflitos imperceptíveis, de violências irreprimíveis porque não tem autores identificáveis, procuradores, reivindicados. Estamos próximos do momento em que cada um vai medir que as condições do exercício dos direitos do homem, da não-discriminação, da igualdade homem-mulher, são extraordinariamente exigentes, e muito raramente reunidas, ao preço de um esforço colectivo, de um capital estrutural e de uma moral colectiva e individual sustentada pelas instituições, consideráveis. E estamos próximos de poder descobrir que são reversíveis, mesmo quando as temos por adquiridas, exposto à descivilização que implica toda a sociedade que não sabe o que deve. O retorno da escravidão, o retorno da violência nas relações sociais e humanas, o retorno de expressões brutas do poder ligado à riqueza ou à força, vão levar ao regresso aos direitos afirmados sem qualquer consideração por tudo o que lhes deu origem. O tempo da violência sem projecto, das guerras sem exércitos e dos conflitos sem limites porque sem fronteiras chegou. As tensões que se desenvolvem opõem grupos que não sabem geri-las, porque consideraram, desde há muito tempo, que já não havia motivos legítimos para o conflito ou para a guerra, porque foram formados para considerar toda a violência como ilegítima, porque toda a experiência humana foi reduzida ao racional, à organização, ao divertimento. Se a cultura-mundo é bem o lugar do vazio sonhado pelo liberalismo, o lugar de onde todo o julgamento, toda a afirmação, toda a singularidade são excluídos, ela é o lugar que torna tudo possível – e que tornará o efectivo pior. A perda de referências, de estruturas, que é o facto de uma maioria de europeus, exerce já, exercerá efeitos consideráveis sobre a passagem à violência; porque a liberta, porque desfaz todos os seus entraves e já não terá limites senão a sede do enriquecimento ou do prazer que antes não conhecera. E as guerras que estão por vir, não serão o facto de qualquer instituição, de qualquer força instituída como nações, reinos ou impérios podem ter, como as religiões ou seitas também, não serão guerras nacionais, nem guerras civis, apenas serão inexpiáveis.

Este ponto é crucial. A extensão da cultura-mundo e a saída dos limites a que ela apela, e o desarmamento das culturas locais, regionais, nacionais que comporta, longe de preparar a paz, inscrevem-se no processo de explosão da violência generalizada, e tanto mais terrível será sem enquadramento, sem estrutura, sem objectivo de guerra – e tanto mais terrível será sem honra e sem fidelidade, ela oporá emoções, compaixões, opiniões, mais do que interesses sustentados numa justa medida das coisas. E o movimento que universaliza o contrato, o mercado e o preço é o mesmo que prepara a guerra de todos contra todos, fazendo da vida, em primeiro lugar, um objecto de contrato.

3 – As *delícias da* self-culture

A denúncia é fácil, indiscreta e repetida. Não poupa nem as armadilhas da nostalgia nem as vertigens que todo o início suscita naqueles que não estão na origem. É fácil multiplicar as oposições entre o que eram as culturas, as verdadeiras, e o que é a cultura-mundo, presumida falsa, débil, superficial, etc. Não são todas retóricas. Está mesmo relacionada com o sagrado, com o transcendente, que não se encontra tocada no seio do que supunha ser a capacidade de sair de si e do resto da heteronomia em marcha nas sociedades liberais – tão pouco liberais, de facto.

CULTURA E MUNDIALIZAÇÃO

E se justamente estavam aí as suas primeiras virtudes? E se a cultura-mundo, pelas suas próprias particularidades, fosse o que convém ao alívio das existências libertas do medo, do sofrimento e da vida breve e brutal que descrevia Hobbes como a origem dos regimes políticos que observava? Se, por todo o lado, a desculturação observada e muitas vezes deplorada era a condição radical para que finalmente se produzisse o novo? E se a cultura-mundo era o lugar onde se inventa o regime político das existências libertas do medo de ser, do medo dos outros e desta segurança que vem da separação? Questões inúteis? Talvez. Ou, então, essenciais, se a cultura-mundo persegue a instauração de uma nova condição humana através de uma nova relação com o real e com os outros, através de um novo regime político, no qual a conformação de ideias e a saturação dos sonhos assegurarão a pacificação entre indivíduos que apenas se cruzarão para funções precisas, o amor, a produção, o jogo, etc. As grandes obras serão banidas assim como as ideias que incomodarão o belo ordenamento. Quem se queixará desta suave anestesia para a qual tudo concorre?

O sucesso é, para dizer a verdade, até agora notável, tanto mais que é menos espectacular. Inscreve-se no andamento tortuoso e dissimulado da sociedade liberal, levada no movimento do individualismo absoluto. O instinto realiza o que a autoridade já não ordena. O interesse individual ordena as acções como nenhuma organização social o saberia fazer. A adesão economiza o constrangimento. A representação obtém pela fabricação de um desejo uniforme um alinhamento de costumes, de comportamentos, de escolhas, que nenhum projecto já não justifica e que se pode contentar com uma simples infra-estrutura para se desenvolver sem debate, sem escolha e sem imposição. A ideologia do interesse individual e dos direitos do indivíduo é tão consensual que se torna invisível e autoriza cada um pontificar sobre o desaparecimento das ideologias. A política compreendeu-o bem, organiza o Estado e a administração numa infra-estrutura de interesses individuais, pacificadora e facilitadora, e executa uma economia de poder e de responsabilidade sem precedentes – na condição de ser invisível, na condição, sobretudo, de apenas parecer responder à emoção, ao insustentável pedido de opinião. Até o mito do bom selvagem, no caso o estrangeiro sem papéis, mas não sem assistência, não se torna invisual ao naufrágio das classes médias; os dramas longínquos esgotam perante o ecrã a compaixão que não suscitaria a infelicidade quotidiana dos vizinhos. Milagre da cultura, se se quiser. Milagre mais de uma técnica de isolamento e do divertimento do que fábrica de indiferença na montra da compaixão e que recriou à distância sob o discurso da solidariedade, técnica do espectáculo que afasta cada um da sua vida ao ponto de que o ideal moderno pareça estar resumido nestas palavras de Chateaubriand: «Felizes daqueles que não viram a sua vida passar!». Como dizer de outra maneira que a cultura-mundo é o trato da inconsciência, e de uma inconsciência construída, da renúncia e, portanto, da privação, e que nisto mesmo é também de reconquista, de invenção de si, do progresso de ser para si e para os outros?

Entre o sonho do retorno e a vertigem da barbárie, vale a pena parar na perspectiva de uma cultura-mundo parteira de um regime político inédito, que seria o fruto de uma nova relação com o verdadeiro, com o justo, com o belo, que se procura a partir do crescimento, do enriquecimento e do controlo da natureza. Seria verdadeiramente necessário lamentar o que a miséria sugeria aos homens para fazer calar o medo, o sofrimento ou a infelicidade de vidas brutais, horríveis e breves? A cultura de si pode ser o anúncio de um novo regime político, que é já um regime de verdade que procura o seu lugar e as suas palavras. O postulado político da ideologia liberal é que cada homem, cada mulher, se concentre a perseguir os seus interesses individuais no respeito do direito ao seu lugar em todo o mundo. Este postulado é largamente auto-produtivo; o sistema faz, assim, que cada pessoa seja reduzida à sua função económica individual de produtor-consumidor.

A cultura mundializada tornou-se instrumento de qualquer coisa que não tem nome e que poderia chamar--se sociedade política após a democracia, tal como o advento do indivíduo – do que se chama indivíduo – e da confiança no mercado como sistema universal de relações e de paz a traçam. Porque, por muito surpreen-dente que a afirmação possa parecer, é mais cultura do que política – que serve, que alimenta e, também, que dispensa o político; é necessário ver a cultura Internet, a cultura individual, a cultura da libertação, como uma economia do político, como tantos rodeios possíveis para dispensar o debate, da construção, da elaboração política, o que é, bem entendido, uma outra maneira de ser político. A cultura-mundo realiza efectivamente uma economia política singular, extraordinariamente eficaz, extraordinariamente discreta, e eficaz porque discreta – fora do campo da consciência da maioria dos que se encontram submetidos e, por isso mesmo, de um interesse essencial.

Vivemos um momento particular do projecto liberal, tal como encontra plenamente a sua expressão no século XIX. Universalização do pensamento pela acção, tal como a prática da antinomia, da antítese e dos limites que fizeram o pensamento europeu, longe, por exemplo, do pensamento de continuidade chinês. Reconciliação da paixão e do interesse em nome da paixão do interesse económico, o único nobre, respeitável, venerável. Desligação do indivíduo face ao colectivo, é isto mesmo que o constitui e torna efectivos os direitos em que se baseia. E sobretudo, concentração da cultura no que permite a actividade, a alimentação, a ajuda, o desenvolvimento. O mundo é convocado para a sua utilidade. Nada poderá escapar, nem terra, nem vegetal, nem animal, tudo o que está vivo, corre, cresce, respira no mundo é convocado ao tribunal da sua utilidade económica, pesada, medida e julgada. E a cultura torna-se o que decora o crescimento. Sedativos, bebidas com pouco álcool e divertimento, a cultura participa com ligeireza de um mundo muito pesado... Mergulhar logo de manhã numa história alegre, e os minutos nos transportes públicos parecem mais curtos; folhear ao almoço uma narrativa de viagens promete que noutro lugar uma outra coisa é possível, que torna a condição do homem urbano suportável, que dá ao assalariado formatado a dignidade de um exílio interior e uma partida possível – evidentemente tão impossível como interdita, mas o essencial é que a cultura dá a representação. E sofrer com o bombardeamento de um filme de acção, sem retirada e sem tréguas, não é viver por procuração o herói, o santo ou o chefe que nunca seremos, para os quais já não há lugar em parte nenhuma – a não ser nos cemitérios?

No termo deste movimento, a pacificação dos dias seguintes depois de grandes festas. No termo deste movimento, o descanso irresistível do consentimento por fadiga da distância, incapacidade de se reclamar e de se distinguir. No termo deste movimento, desarmamento de toda a singularidade que pretenderia ultrapassar o interesse individual, de toda a crença de que não seria solúvel no mercado – negócio de preços. Uma forma de sabedoria dolorosa se se quiser, fonte de profecias fúnebres a partir de uma longa série de contentores da sociedade de consumo, da sociedade do vazio, finalmente, da sociedade capitalista de mercado, mas cujo êxito é o surpreendente prodígio de durar, de se espalhar e de resistir a todos os abalos que as crises internas assim como as agressões exteriores lhe fazem viver.

A extraordinária e inconcebível resistência do sistema vem precisamente daí onde é julgado o mais fraco: a cultura-mundo é uma cultura do eu. Engano, ilusão, travestismo, mas também e do mesmo movimento, acompanhamento da corrida inacabada do individualismo. Longe da grande arte, longe do projecto revolucionário, longe do sagrado, encontra os seus fins na cultura do corpo, no culto da forma e do desempenho físico, na cultura da relação amorosa, no acesso ao prazer garantido e na venda de brinquedos sexuais nas lojas da moda, e lança as suas bases mais sólidas no enriquecimento liberal do trabalho de todos aqueles que fizeram face ao dever da gestão moderna, acumulado, colocado, gerido, e que devem aos retornos e às mais-valias do seu capital o que já não têm de esperar dos seus rendimentos. Como analisa Marcel Gauchet, a conjunção destes interesses e destes prazeres constrói uma sociedade impermeável à análise de grandes considerações, mas formidavelmente consistente, uma vez que cada um sabe que o seu interesse passa pelo respeito dos interesses dos outros, e formidavelmente atractivo, uma vez que os mais hostis sabem confusamente que encontrarão aqui, mais facilmente, satisfação do que no interior da tradição que se esforçam por manter em vida.

Certamente, a mecânica dá vertigens. O exemplo da informação é revelador. A cultura dominante proclama que o que importa é o que importa para mim. Nestas condições, como ajustar a mais pequena importância a factos que se desenrolam a milhares de quilómetros e que não têm nenhuma possibilidade, nem de perto nem de longe, de me dizerem respeito? Num clique, uma informação política, uma oferta de vestuário em saldo, uma foto de Paris Hilton e uma perspectiva de um encontro à noite. Quem hesita em escolher? Mas também, quem não vê que esta máquina, que se tornou cada vez mais eficaz pelo desenvolvimento das redes, substitui no campo público, objecto do debate político, um campo privado que o cobre, que o multiplica e que não é exclusivo; há lugar, ao mesmo tempo, para toda a gente, o que desarma a maior parte dos conflitos e que torna os debates inúteis ou supérfluos. É necessário imaginar que a cultura-mundo é a do espaço virtual, substituindo de uma maneira acelerada os espaços reais confinados e raros, que ela exclui, de facto, os conflitos, os debates e as decisões – que ela torna a política como a conhecemos, como alguns a brandem ainda, uma despesa inútil e vã.

Não será o objecto essencial da cultura-mundo, esta demonstração, esta persuasão e esta exclusão?

Conclusão

A contradição de palavras é flagrante. Cultura e mundialização opõem-se, como gratuitidade e comércio, como artista e comerciante, como dádiva e mercado. Cultura é o nome do particular, do singular, do único; cultura-mundo convoca o uniforme, o híbrido, a confusão e assemelha-se à fraude pela qual o comerciante se propõe traficar a cultura como escravos, mulheres, órgãos humanos ou crianças para adopção. E, no entanto, o facto está ai. É necessário aplaudir o desempenho; em poucos anos forjou-se um dos instrumentos mais eficazes de privação da consciência de si, um substituto consistente para o desaparecimento das transcendências religiosas, ideológicas ou nacionais. Em menos anos ainda, o totalitarismo suave da cultura-mundo empreendeu uma liquidação sem precedentes de formas sociais, de identidades e de formas históricas do respeito e da estima por si.

Afirmação de uma outra cultura, ou melhor, menos a cultura-mundo do que a cultura da destruição do mundo como mundo, ou seja, como distância, como múltiplo, como inesgotável fonte de surpresa, e destruição do indivíduo como singular, como clausura e como recusa. É o projecto implícito do totalitarismo que se estende sob a cobertura do cosmopolitismo dominante que garante a apreensão do indivíduo despido de tudo o que fazia dele pessoa pela ideologia liberal apresentada, na realidade pelos interesses geopolíticos bem reais das potências emissoras de sistemas, de representações e dos códigos da modernidade em vigor. Nove mil milhões de indivíduos semelhantes, persuadidos da sua individualidade, incitados a fazer valer os seus direitos, convencidos de que se tornaram livres ao fugir de todas as determinações, ao recusar as suas origens, seduzidos pelo seu novo ser económico que acaba por confundir neles o produtor e o consumidor na mesma utilidade global. Nove mil milhões de indivíduos conformes, «processados» pela torrente permanente de informações, de representações e de experiências, vivendo uma condição inédita que é necessário chamar humana, à falta de outra palavra para a nomear. Brilhante, mas pouco durável, perspectiva esta conquista pelo mercado do que culturas, civilizações, fronteiras, comunidades lhe disputavam ou lhe recusavam até agora. Fazem girar a máquina do crescimento ilimitado e se eles se mobilizam sem demora e sem tréguas, é pela sua própria salvação de seres económicos, sem outra razão de ser do que a sua contribuição para o crescimento, sem outra justificação para as suas existências minúsculas do que o valor acrescentado, primeiros seres vivos cujo crescimento é o oxigénio e cujo trabalho é a respiração. Como o burro que faz girar a roda, como os escravos de olhos estoirados acorrentados ao moinho das *villas* romanas, continuam sem ver o círculo daqueles cuja cultura acabou por separá-los para sempre do que teria podido, um dia talvez, torná-los homens. E acreditam, sem dúvida, que no fim do caminho invisível que seguem, as correntes caídas, a roda parada, a corrida feliz começará e, sem dúvida, que esperam, sem acreditar, que um dia qualquer coisa se passará verdadeiramente, como sangue, como vitória e como morte – na imensa paz que o início estende em cada coisa.

Debate

Pierre-Henri Tavoillot – *Há nesta cultura-mundo, que os senhores analisaram, uma profunda ambivalência: de um lado, o incontestável movimento de emancipação; do outro, uma formidável força de destruição. Com a leitura dos vossos dois textos, parece que, se estão de acordo com esta ambivalência, separa-vos o balanço e a interpretação que cada um tirou. Tratar-se-á somente de uma clivagem entre um optimista e um pessimista?*

Gilles Lipovetsky

A meu ver, as nossas divergências quanto à interpretação da cultura-mundo reduzem-se essencialmente a cinco questões-chave. Para precisar muito esquematicamente o que nos separa, direi que Hervé Juvin apresenta uma leitura pessimista, nostálgica, trágica, unilateral da cultura-mundo, enquanto eu faço uma interpretação aberta, multidireccional, ambivalente. Ele vê nesta cultura um processo arrogante de domínio ocidental que asfixia as identidades e a riqueza do mundo, que elimina a criação ao mesmo tempo que a singularidade dos indivíduos. Eu vejo uma cultura que abre tantas oportunidades que cria abandono, desigualdades, ameaças no mundo. Ele sublinha a força irresistível de um rolo compressor quando valorizo as tensões e as contradições ligadas a lógicas adversas.

1 – Hervé apresenta a cultura-mundo como uma fraude, uma ilusão em que funciona como máscara da economização total do mundo: esta neo-cultura apenas exprime a hegemonia do capitalismo. Semelhante redução da cultura-mundo à ordem tecno-comercial não me parece fundada. Se é verdade que há uma planetarização da economia de mercado, observa-se ao mesmo tempo uma dinâmica de universalização sustentada pela cultura democrática do indivíduo: a ilusão é trazer esta última à lógica dos interesses materialistas. A cultura individualista não é um simulacro, uma super-estrutura sem eficácia, uma simples representação ao serviço da nova economia-mundo. Na verdade, ela é uma operação sem igual de transformação societal, cultural e individual. É ela que, em grande parte, faz explodir os sistemas de legitimidade tradicionalista, que transformou completamente a nossa relação com as instituições, com a religião, família, política, moral, autoridade, com as identidades de género. O que nós somos, como o que nos vamos tornar, devemo-lo tanto à força do mercado e da técnica como à da cultura individualista que celebra a autonomia individual e faz recuar a força das imposições colectivas. E vemos, agora, em todo o planeta, o trabalho social a marcar pontos. Não restringimos o princípio da individualidade no da economia: o primeiro não é uma falsa aparência que

esconderia o segundo, o qual seria a única verdadeira cultura do nosso tempo, como a gestão financeira, a conquista de mercados, a concorrência. Enganamo-nos ao dizer que a economia se impõe como o nosso único grande sistema de legitimidade: a razão económica é, por todo o lado, denunciada e combatida ao meter à frente um outro sistema de legitimação consubstancial no mundo moderno democrático: o do indivíduo e do seu direito à liberdade e à igualdade. A racionalidade económica não fez, de maneira nenhuma, desaparecer as exigências da razão moral e política.

É por esta razão que eu não podia subscrever a tese que assimila a hipercultura contemporânea à «barbárie» ou ao «totalitarismo suave». É necessário sublinhar: a cultura-mundo não é um sistema homogéneo; ela é constituída por lógicas diversas, heterogéneas, que se cruzam, por vezes se reforçam mas também se chocam e entram em conflito. Estas disjunções estruturais impedem reconhecer na cultura-mundo um sistema uniforme, totalitário, niilista, somente entregue à loucura da eficácia e da racionalidade instrumental do lucro. Se os homens denunciam a violência da cultura hipermoderna, é ainda o que lhe oferece as ferramentas da sua crítica. A cultura-mundo não fabrica unicamente a «boa consciência» e não está apenas «insuflada de positivo», ela fornece também os princípios «negativos» da sua condenação e da sua correcção.

2 – Inegavelmente a cultura-mundo é inseparável de um trabalho de uniformização planetária: sobre este ponto nós estamos de acordo. Mas é necessário dizer até que ponto. Reconhecer este dinamismo não significa que

o mundo esteja dobrado sob a lei do Mesmo, do semelhante, da indiferenciação em todas as coisas. Os modos de vida no globo aproximam-se, mas a singularização e a heterogeneização dos comportamentos individuais acentuam-se pelo facto do recuo dos enquadramentos colectivos. A condição feminina pluraliza-se a grande velocidade e permite destinos pessoais mais abertos e indeterminados. Isto não impede certamente os conformismos: basta ver que há cada vez mais escolhas de vida, de opções nas existências privadas, dissemelhanças entre os gostos dos indivíduos. O indivíduo não se funde numa massa conforme e homogénea: constrói-se ao pedir emprestado os modos e os modelos comuns do consumo segundo «arranjos» singulares. Não haverá «nove mil milhões de indivíduos semelhantes»: as peças são semelhantes, a combinação é idiossincrática numa época que vê recuar a força das tradições e das culturas de classe. Os objectos e as informações podem ser os mesmos, os indivíduos fazem um uso cada vez mais diferenciado. O uniforme avança da mesma maneira que o Múltiplo. Como escrevia já Tarde, a diversidade no espaço foi substituída pela diversidade no tempo: isto acentua-se diariamente numa época voltada para a inovação, para a diversificação de oferta, para a moda generalizada. Não somos ameaçados pela monotonia, mas pelo *hiper*, pelo excesso, pelo pletórico: mesmo se os produtos, as marcas, os programas de televisão, o próprio urbanismo se encontrem em todos os continentes, é menos idêntico, o «sempre parecido» que ganha como economia de inovação e de diversidade. O singular nas obras desaparecerá? É esquecer que as indústrias culturais propõem como nunca avalanches de novidades e de produtos que não são certamente obras-primas imortais, mas que não são menos singulares.

Já não perdemos de vista que se a cultura-mundo homogeneíza alguns elementos da vida planetária, ela não está, de maneira nenhuma, em vias de realizar a uniformização universal se for tão desacreditada no aprofundamento das desigualdades sociais e económicas entre os homens e as nações. Não metemos medo com o espectro do Um quando o mundo que vem se constrói ao fabricar diferenças consideráveis de riquezas e de condições de vida.

3 – Hervé Juvin propõe uma leitura sombria, catastrofista, agonística da globalização, da cultura hipermoderna que apenas prepara o desencadeamento da guerra de todos contra todos. Na sua opinião, a realidade é girardiana, as rivalidades, os mimetismos destruidores, os ressentimentos em relação aos ricos vão-se exacerbando à medida que as diferenças se reduzem em sociedades incapazes de dar satisfação aos desejos ilimitados que fazem surgir em todos. Semelhante frustração generalizada está cheia de imensos conflitos, anuncia o regresso da força brutal um pouco por todos os domínios: tal é o preço terrífico de uma cultura que universaliza o mercado e o contrato. Não faltam os sinais que podem encorajar semelhante análise: explosão de populações prisionais, proliferação de milícias privadas e de *gangs*, de zonas de segurança e de guarda-costas, formidável expansão da grande criminalidade organizada e da violência em grande escala contra populações civis. Contudo, o pior nunca é evidente. Não tenho a certeza de que o desenvolvimento das relações internacionais

do último período possa ser lido através do prisma girardiano. Nada indica – vê-se mais o inverso – que as similitudes crescentes entre nações aumentem a sua hostilidade. E é pouco provável que as convergências em curso anunciem conflagrações armadas generalizadas. As rivalidades entre nações não vão evidentemente desaparecer miraculosamente, mas podem exprimir-se através de outras vias do que a da violência militar: a competição económica, por exemplo. Recordamos, se é necessário, que, desde a Segunda Guerra Mundial, as grandes potências nunca mais entraram em guerra. Os Estados democráticos estão certamente em rivalidade mas não se consideram inimigos a destruir ou a anexar pela força. Na era do capitalismo globalizado, os diferendos entre nações democráticas já não se regem pela via das armas, mas pela negociação e por compromissos, por regulações e instituições internacionais. A primeira mundialização inventou a guerra total e deu à luz duas guerras mundiais; a segunda mundialização coincide com um processo de pacificação das relações internacionais e mais exactamente com um alargamento do espaço de paz democrática. Num mundo dominado pelos referenciais do mercado, do consumo e da felicidade privada, a guerra e a sua cultura heróica já não figuram no panteão dos valores, deixaram de constituir uma razão de viver, de dar um sentido pesado aos seres individuais e colectivos. O momento é mais o da corrida ao crescimento e ao lucro do que ao apelo às armas. Pelo que a cultura-mundo aparece como o processo civilizacional que desqualifica e faz recuar o recurso à força armada: não penso que «o tempo das violências sem limites» seja o nosso.

DEBATE

Isto não significa de maneira nenhuma advento de um refúgio de paz completo e generalizado. Novas formas de conflitos violentos surgem e são desafiadas a desenvolver-se: o terrorismo transnacional em particular. As ameaças que pesam sobre nós não provêm das nações inimigas, mas de grupos infra-estatais, de redes descentralizadas violentas que agitam para além das fronteiras ao mobilizar indivíduos e não exércitos estatais. Por agora, o terrorismo transnacional é islâmico mas nada impede pensar que amanhã outras ideologias não possam alimentar as mesmas paixões niilistas destruidoras. E nada diz qual será a intensidade da violência quando o uso das novas tecnologias permitir cada vez mais provocar catástrofes em grande escala. Podemos, infelizmente, pensar que num universo cada vez mais desregulado, incerto e individualizado, se prepare inevitavelmente uma subida da disseminação de ameaças, de formas imprevistas de extremismos, de fanatismos, de loucuras assassinas que, sem se assemelhar às guerras clássicas ou à «explosão da violência generalizada», não deixarão de aterrorizar as democracias liberais. O que virá não é a guerra de cada um contra cada um, mas a violência de pequenas minorias e o medo do grande número.

Não há nenhuma lei histórica que conduza irresistivelmente ao desencadeamento louco da violência nas sociedades civis da hipermodernidade. O risco existe: não é fatal. O que se anuncia é, sobretudo, a desigualdade geográfica da violência: aqui intensa, ali mais contida. Nada diz que ela se difundirá de uma maneira idêntica em todo o planeta. As políticas em matéria de educação, de segurança, de emprego, da mesma maneira que as lutas contra as desigualdades extremas e contra a corrupção podem ter um papel importante para colocar uma barreira aos cenários do tipo *Mad Max*.

4 – Na opinião de Hervé, a cultura-mundo é desfiliação, espoliação, «destruição do mundo», de identidade, de autenticidade, da cultura artística e literária. A cultura-mundo prolonga o empreendimento etnocidário do Ocidente ao desculturar o planeta, ao esmagar homens e culturas. O seu espectáculo é apenas o de uma desolação geral. É inegável que esta dimensão «liquidadora» existe e ameaça não somente a existência das gerações futuras mas também a relação social e o enraizamento cultural dos indivíduos. Contudo, não devemos perder de vista que a cultura globalizada abre ao mesmo tempo possibilidades inéditas, permite novas maneiras de viver, novas formas de identificação e de pertença colectivas. Entendo no discurso de Hervé qualquer coisa que faz lembrar muito as clássicas denúncias de alienação, um certo ódio ou repugnância pela modernidade ocidental humanista e capitalista, acusada de ser responsável por todos os males, de «descivilização», de negação da condição humana, do colonialismo, do racismo e do totalitarismo, dos genocídios e dos etnocídios, da devastação da Terra. A este respeito, Hervé situa-se claramente no sulco traçado por pensadores como Heidegger, Lévi-Strauss, Jaulin. Não foi assim que eu li a cultura-mundo que não se reduz somente à dinâmica niilista e inumana de erradicação, de eliminação, de desapropriação. O desaparecimento das identidades colectivas caminha lado a lado com o desenvolvimento de identidades

reflexivas, complexas e recompostas pelo molde da individualização. Se há abandono social, há também fabricação de novas relações e redes sociais, invenção de novas figuras comunitárias (virtuais, diaspóricas, associativas). A cultura-mundo é a compreensão do tempo e do espaço e o seu eixo temporal que domina é bem o presente. Contudo, não abole nem a dimensão do passado (reactivação das identidades culturais e do religioso, proliferação do memorial), nem a do futuro (sensibilidade e culturas ecológica); não elimina sobretudo a territorialidade, a nação, as línguas. No turbilhão da cultura-mundo encontra-se tantas potencialidades positivas (educação, saber, criação, saúde...) como de destruição. A nova organização do mundo e as novas maneiras de viver são geradoras de miséria, de frustração, de desigualdades, de isolamento e de medo. A socialidade, os ideais morais, a cultura amorosa, tudo isto não morreu: os dispositivos de segurança existem e limitam o niilismo ocidental. É menos a imposição totalitária de um mesmo modelo em todo o planeta que constitui a cultura-mundo do que a multiplicação de interacções culturais, novas possibilidades de existência, reinvenção globalizada da diferença. Mesmo depois de cerca de três décadas, as diferenças de fortuna e de rendimentos tenham aumentado, não devemos perder de vista que o capitalismo universalizado é também o que teve êxito na redução das desigualdades entre nações ao permitir a descolagem económica dos países do Sul e a saída da pobreza de quase mil milhões de homens. A cultura-mundo liberal não fabrica somente a boa consciência e a sua obra não se desenvolve unicamente sob o signo da infelicidade e da desestruturação, da «falsa aparência» e do desaparecimento do respeito humano: já permitiu aumentar a esperança de vida em mais de oito anos em países em desenvolvimento. Não é nada. Enquanto o centro de gravidade do capitalismo mundial balança, emerge um universo económico emancipado do domínio ocidental: a China é presentemente a segunda economia do planeta. Com a cultura-mundo, abre-se um novo destino para os países do Sul que vão poder participar em pé de igualdade na escrita da própria história moderna.

5 – Evitemos falar de «liquidação» da arte e da criação cultural, que estariam asfixiadas pelo excesso de meios técnicos, a proeminência da economia, o défice de fé e de crença. Quem é que, certamente, não teve semelhante sentimento ao visitar os centros de arte contemporânea? Mas o que vale para todo um lote de instalações e de performances não se aplica ao conjunto da criação. A cultura-mundo não é sinónimo de desaparecimento do génio criativo, a antífona que, desde os anos 60 do século XX, se lamenta, em particular, sobre a «morte do cinema». É um lugar-comum opor a riqueza cultural de outrora à pobreza estandardizada de hoje. Há, é verdade, muita mediocridade: isto não impede realizações admiráveis. Algumas criações no *design*, no cinema, na publicidade, na arquitectura, na música são notáveis mesmo se a pressão comercial nestes domínios é forte. Do *iPod* à publicidade criativa, de Gehry a Foster, de Zaha Hadid a Mayne, do cinema de Lynch ao de Tarantino, de Kaurismaki a Kitano, de Kusturica a Lars von Trier, a criação não está de maneira nenhuma a meia haste. Basta comparar os

anúncios dos anos 50 do século xx aos anúncios recentes da Citroën ou da Macintosh para ficar convencido. O ponto de vista «decadentista» não é justo: a hipertécnica e o economismo não são o túmulo da arte. Nunca o cinema, para tomar apenas este exemplo, se mostrou tão inventivo, plural, heterogéneo, desde que não se considere unicamente os *blockbusters* americanos. Há menos rupturas estilísticas importantes, menos grandes «monumentos», mas mais obras «medianas» inovadoras, diversas e de qualidade.

Hervé Juvin

Pessimismo, optimismo? Não partilho o optimismo de encomenda sobre a instauração da cultura-mundo e deste Ocidente mundializado que, para ser uma realidade, me parece tão pesado como uma tempestade. Gilles Lipovetsky, com convicção, até mesmo com entusiasmo, parece-me cair na armadilha da humanidade finalmente reconciliada pelo milagre das máquinas comunicantes, da panóplia tecnológica e dos direitos humanos e, o que é mais grave, ceder à fraude de uma superioridade intrínseca, realizada, da nossa sociedade levada pelo advento do indivíduo soberano sobre qualquer outro modelo de sociedade que tenha existido ou que possa vir a existir. Penso que é perigosa a ideia do Ocidente mundializado. Pode-se enumerar a panóplia dos seus êxitos, dos seus meios, das suas obras, mas ela esconde-nos a realidade do mundo e pode ter um papel eufórico para os Europeus que teriam algumas razões para se inquietar do que é feito em seu nome, no seu solo como noutro lugar. E é perigosa porque estende um véu de ilusão sobre a realidade, que é feita de conflitos de interesse, de confrontos de potências e de forças das quais a cultura-mundo nunca diz o nome. A função anestesiante da cultura-mundo, análoga à da Internet, é uma armadilha da qual a Europa, particularmente, é vítima. É por esta razão que a força dos movimentos identitários, o regresso da história e da geografia, das fronteiras e dos povos, me torna decididamente optimista; unidade do género humano, governo planetário, fim da história... vamos acabar com essas imbecilidades que nos fazem tão mal.

O nosso desacordo tem menos a ver com a constatação – a cultura-mundo existe, a sua origem é ocidental, ela comporta benefícios evidentes e, antes de mais nada, o sentimento de uma liberdade de escolha individual desconhecida anteriormente – do que com as perspectivas; onde o Gilles vê uma hipercultura, temo que seja uma subcultura e um subterfúgio. Onde ele espera o advento de um cosmopolitismo moderado, temo a guerra de todos contra todos, a dos homens sem referências, sem fé e sem raízes, e que deverão conduzir para se refundar em sociedade. Onde ele vê a consagração da hipercultura, o respeito preservado da alta cultura, eu constato um movimento de descivilização profunda nas nossas sociedades europeias, a confusão de géneros, de signos e de valores. Receio que a mobilidade dos signos culturais que celebra seja apenas a organização de um mercado universal de culturas, reduzidas ao seu preço, liquidadas à corrida do momento. A cultura, a quanto se cota hoje? Temível expressão como a dos bens culturais que reduz a cultura ao objecto! Temo que a economia do conhecimento seja a da queda do saber, que os meios exorbitantes da cultura-mundo não sejam ao mesmo tempo dispensa de saber, de compreender e de julgar. Duvido da capacidade de criação de indivíduos proclamados sem obstáculos, sem origem e sem limites. E eu vi em Madagáscar, na China, no Próximo-Oriente, a terrível violência com que as culturas são conformadas à cultura-mundo e, depois, desaparecem. Em nome do desenvolvimento económico, dos direitos do homem, da liberdade de informação e de religião, o Ocidente mundializado esmaga todas as estruturas sociais, todas as formas culturais e políticas que protegem os indivíduos pelo colectivo; não terá já chegado o tempo de haver também preocupação com a ecologia humana e salvaguardar os meios humanos, como se fez para o panda ou para a garça-real cinzenta?

De Gilles Lipovetsky a tantos outros faz-se a mesma constatação: os meios da cultura-mundo estão por todo o lado. Dão uma força nunca conhecida à cultura de origem ocidental, ou seja, tecnicista, individualista e prometeica, que produziu os meios e que se vê cada vez mais universal, como tornam permanente, inevitável, o encontro e, por vezes, o confronto entre culturas que nenhuma distância já não parece proteger. O inventário dos meios é impressionante; quem poderia negar que, no momento em que mais de um homem em dois neste planeta vai dispor de um telemóvel, qualquer coisa muda muito, de facto, no modo de relação dos homens, e porque não dizê-lo sem ter medo, na condição humana? De acordo, portanto, sobre o inventário, que é e que apenas pode ser os meios. Diferença decorrente sobre os efeitos desses meios e os efeitos dos efeitos. A verdade é que nós não sabemos nada. Quase nada sobre os usos que serão feitos, que demorarão muito a encontrar e que podem revelar-se altamente embaraçosos para os seus inventores, para os seus zelosos propagandistas e para os seus bajuladores ingénuos. O protocolo de voz em IP que permite comunicações difíceis de escutar e localizar foi utilizado com sucesso pelos terroristas de Bombaim, no fim de 2008; a centralização do tratamento de mensagens serviu utilmente à República Iraniana para paralisar as manifestações de Junho de 2009; e no *Yahoo!*, a partir da China, a palavra *falungong* não remetia a nenhuma fonte. Em África, os pregadores utilizam o telemóvel para «aparecer» aos fiéis maravilhados e crédulos; nos Estados Unidos, o quase desaparecimento do recurso aos jornais e aos *mass media* em benefício de fontes de informação escolhidas na Internet por razões religiosas ou militantes provoca um reforço dos extremismos e um isolamento de cada um nas suas certezas; não é que toda a gente se abra ao mundo, é que o lugar comum desapareceu. Eis por que razão julgo difícil, perigoso ou manipulativo, pretender fazer um julgamento de fundo a partir dos meios. Quais serão os efeitos da Internet, do telemóvel e mesmo do acesso à televisão por satélite nas zonas mais isoladas do planeta? A verdade é que nós não sabemos nada e que todas as surpresas nos esperam. Por fim, o *New York Times*, obteve a supressão da ficha de um dos seus jornalistas tomado como refém no Afeganistão para facilitar a sua libertação; uma pequena manipulação por uma boa causa, mas há tantas boas causas que convocam tantas manipulações!

Se for necessário ir mais longe, será ao preço de uma confissão. O conformismo simpático que faz da mestiçagem a via da modernidade e de um sincretismo alegre, o da pós-modernidade, não me convence. Michel Maffesoli afirma [65] que «a modernidade é a Internet e o vudu»; estamos longe do Ocidente senhor da mundialização! Tenho muito medo, ainda, que, ao saudar manifestações lúdicas ou espectaculares, nos afastemos dos factos e esqueçamos as grandes consequências possíveis de pequenas liberdades tomadas com o real. Ninguém pode lamentar que as culturas se comuniquem, se misturem, se troquem, ainda que haja muito a dizer sobre a indiferença que manifestamos perante centenas de línguas que desaparecem todos os anos, perante dezenas de comunidades humanas expostas aos evangelistas, aos mullahs, aos funcionários ou aos soldados do poder central, a todas as CNN que difundem as suas representações, como estão expostas aos proprietários ou às companhias que adquiriram os direitos sobre o seu solo e que se vêem expulsas do seu chão, da sua fé e da sua identidade. O termo da ecologia humana é banido; será necessário um dia interrogar-se para saber se o primeiro crime do desenvolvimento não é a formidável destruição do património da humanidade que efectua, ao desprezar o mais manifesto direito dos homens à sua cultura, aos seus costumes, ao seu orgulho, em nome do direito proclamado pelo desenvolvimento, que é geralmente o direito de ser expropriado da sua terra, dos seus costumes, e serem proletarizados para grande benefício do comércio internacional e da boa consciência ocidental. Ninguém pode contestar que

---

[65] Em *Iconologies*, Albin Michel, 2008.

uma cultura totalmente isolada, incapaz de tomar ou dar aos outros, tem todas as possibilidades de definhar ou de se tornar caricatura dela própria – uma forma morta. Mas a coabitação permanente, a mistura de culturas, em que o Brasil fornece, sem dúvida, o mais espectacular exemplo, têm efeitos igualmente temíveis. A mestiçagem brasileira é feita de uma relativização permanente de cada cultura, de cada crença, de cada pertença por outros, por todos os outros, o que reduz fortemente o exclusivismo ou a intransigência de cada uma. À força que cada uma seja um pouco a verdade de cada um, nenhuma o é completamente para ninguém. A companhia familiar, quotidiana, das culturas seria, assim, a via da resolução da sua distância e o meio do seu apaziguamento. Será necessário dizer que a história não valida o laicismo feliz que quer misturar todas, as crenças auto-neutralizam-se? Há muitos exemplos, mesmo hoje, em que a companhia se torna furiosa, exasperada e provoca uma subida aos extremos que a distância teria evitado. E o Brasil é terra de violência, com uma taxa de homicídios entre as mais elevadas do mundo, com também uma extinção da diversidade humana tão preocupante como o caso das espécies do Amazonas sacrificadas à construção de um gigante agro-alimentar e de uma indústria biocarburante, é, antes, um contra-exemplo; o que é necessário evitar para não se chegar aí! A metáfora do biocarburante é esclarecedora; destrói-se tudo o que é plantas, árvores desta terra, para manter o frenesim do movimento perpétuo, para dissolver as formas terminadas da vida ao mobilizar a energia que elas contêm. Da mesma maneira, que a vontade de controlo industrial do ser vivo destrói a biodiversidade, a cultura mundializada destrói as culturas constituídas, desde há muitas gerações, no seu diálogo com a terra, com os céus e com os deuses, para satisfação banal do movimento!

O ódio da cultura não será um jogo? Se ele se revelasse consistente, o que não é ainda, eu temeria fortemente que a cultura planetária, tal como um Ocidente que se viu senhor da mundialização a lançou no mundo, pudesse ser um outro exemplo da destruição do mundo e do seu consumo; o fim da cultura acompanharia a do mundo. Um mundo finito apela ao infinito das culturas, o esgotamento da natureza apela ao reforço das culturas que são a nossa natureza, nascidas da história, da vontade e da liberdade dos homens, alimentados pela irreprimível necessidade da diferenciação dos homens em sociedade. Neste plano, é difícil de não se considerar que se confrontam duas concepções de cultura, uma intelectual, erudita, distante, a outra essencialista. Porque das duas uma. Ou a cultura é um detalhe da pessoa, como é uma efeméride no movimento das sociedades humanas, e, sem dúvida, ela é o cenário onde se desenrola a única coisa que conta, o interesse. Ela é, então, um fato que se pode trocar, um objecto disponível, e não é da responsabilidade de mais ninguém que não seja minha de adquirir a cultura chinesa ou cossaca, de aprender a língua, os cantos, de ler os livros, de me entregar à cozinha e aos costumes, e em alguns meses ou talvez anos, de ser um cossaco como o descendente dos Varègues, ou tão chinês como o camponês de Yunnan curvado nos arrozais a apanhar arroz. O mundo é um repertório de formas à disposição e nós podemos escolher o nosso menu, basta querê-lo e, acessoriamente, pagá-lo. Identidade *à la carte*; nada que interfira, nada que pendure, cada um toma o que quiser! Ou, então, a sua cultura é uma particularidade essencial de cada ser humano, ela é o que lhe deu o mundo, do seu nascimento aos três ou quatro anos da sua existência no mundo, ela é constitutiva das sociedades humanas e nós não temos, realmente, escolha, nós estamos aqui, nós somos daqui, e a ilusão dos jovens americanos vindos de Harvard ou de Stanford que se entregam ao rito complicado de se vestir com o traje cerimonial dos índios, que exibem perante a tribo, na altura do *pow-pow* estival, os passos e as figuras que pacientemente aprenderam durante o seu ano de curso sobre as culturas dos *nativos americanos* na universidade dá unicamente o sentimento de insulto e de uma traição; as danças índias são propriedade dos índios, e é uma outra forma de genocídio apropriar-se delas para na ocasião representá-las durante um desfile ruidoso de estudantes. Como é ilusão, pretensão e estupidez querer ser cossaco ou chinês quando se é cabil, bretão ou castelhano; aprender a sua cultura, conhecer os elementos materiais, observáveis e transmissíveis desta cultura sem dúvida; ser erudito, ficar envolvido, tanto melhor; mas tornar-se cossaco ou chinês de maneira nenhuma; e há mais cultura chinesa no camponês de Yunnan que na cadeira de chinês no Collège de France; e mais realidade chinesa num estudante de instituto de diplomacia de Pequim que num velho erudito missionário que viveu dez anos num campo de trabalho, como havia mais, no Tibete antigo, no mensageiro e companheiro fiel de Alexandra David-Néel, nativo do país das neves, do que no erudito aventureiro belgo-francês!

DEBATE

No fundo, quem respeita mais a cultura, o que acredita que ela é o que os meios da cultura são, ou, então, o que vê uma condição essencial da identidade dos homens e que considera dignos os que matam ou os que morrem pelo que eles julgam ser mais do que a sua própria vida, mais do que a vida do seu inimigo, a sua cultura? Os meios da cultura-mundo têm isto de inquietante que emprestam à ilusão; a cultura escolhe-se como numa prateleira, compra-se como um *McDonald*, consome-se como um DVD, troca-se muito rapidamente. Neste jogo, um património humano considerável desaparece. Seria muito imprudente esperar o melhor. É necessário ser extremamente prudente antes de desordenar, de negar ou de transformar as culturas constituídas; se a cultura é a nossa natureza, é necessário, antes de se entregar à sua transformação, avaliar bem os efeitos, o inesperado e a surpresa.

Mais um ponto. O advento da cultura-mundo resulta de um estado do mundo no qual esconder-se, desaparecer, desvanecer-se, são igualmente impossíveis. Alguns anos depois da sua publicação, o título de Thomas Friedman: *O Mundo é Plano* está em vias de se verificar. É possível tirar a conclusão que o negócio está feito, a mundialização acabou de produzir os seus efeitos e, agora, encaminhamo-nos para a unidade de um mundo comum, que comportará também a unidade cultural, a do homem pós-moderno, a do actor económico adequado, seja em Xangai, em Durban ou em São Paulo... Nem por instantes creio nisto. À medida que se difunde este modelo, ou a sua representação, suscita o movimento exactamente inverso, o da relocalização, o do fechamento, o da busca identitária. O melhor exemplo é o da oposição visceral da maioria dos americanos a uma reforma da saúde que nos parece a nós, europeus, ser evidente – no próprio seio do Ocidente, que ruptura e que distância! Se o mundo é realmente plano, se realmente não há mais escolha, vontade e decisão do que acidentes, relevos e separações podem ocorrer, então o campo da vontade colectiva e das escolhas individuais e colectivas está aberto, será o campo da separação do mundo. Seja qual for a força dos meios e a intensidade da energia colocada neste sentido, a cultura chamar-se-á sempre distância, será sempre o meio de se sentir outro, o que é o meio de se saber sempre vivo. Não é cultura sem culturas, não é cultura sem tensão, sem confrontação, sem o sentimento agudo de si que dá a relação com o outro, sem o enriquecimento do múltiplo. E a inquietude que penetra por detrás de toda a tomada de consciência da violência da liquidação das culturas que se desenrola, é que ela apela a uma violência simétrica, a da sobrevivência dos homens que não querem morrer e que sabem que, com a cultura, o que está em jogo é muito mais do que eles próprios.

Saída ou aprofundamento da democracia?

Pierre-Henri Tavoillot – *Para continuarmos com a nossa discussão, gostaria que pudéssemos regressar em detalhe às diferentes dimensões – política, económica e técnica – deste «Ocidente mundializado». Comecemos, se vos parecer bem, pela política: o fenómeno da cultura-
-mundo caracteriza-se, segundo a vossa opinião, por uma crise ou por um aprofundamento da democracia?*

DEBATE

Gilles Lipovetsky

Os adversários da cultura-mundo fazem valer, não sem razão, de que maneira funciona, através da enorme força dos mercados, como máquina de espoliação democrática ao privar o Estado de verdadeiras margens de manobra. A este respeito, o mercado está contra a democracia enquanto poder da sociedade sobre ela própria: hegemonia dos mercados financeiros, impotência do Estado democrático para dirigir e organizar a colectividade de maneira voluntária. Subida dos interesses privados e recuo da defesa do interesse geral que ilustram tão bem a profissionalização e a fragmentação dos interesses particulares, a dilatação, a cacofonia e a concorrência do *lobbying* ao serviço do mundo dos negócios. Por todo o lado, os imperativos do tempo curto e a predominância dos grandes grupos fazem soçobrar o funcionamento das democracias no imobilismo e na paralisia, na gestão do confronto dos interesses privados.

Enfraquecimento do poder público que, nos países em desenvolvimento, conduz à multiplicação das rupturas etno-nacionais. E nas nossas regiões, o complexo mediático-consumista desvitaliza a democracia pela política-espectáculo e pelo desinteresse dos cidadãos pela coisa pública. Estas argumentações têm a sua parte de verdade, mas não são as únicas que devem ser levadas em conta. À escala mundial, desde o desmoronamento do sistema soviético, a «progressão» da democracia impõe-se como um facto relevante: já no fim dos anos 90, em 196 países que compunham o mundo, 118 eram democracias. Já não há, no Ocidente, inimigos inaceitáveis da democracia; nunca isto beneficiou de uma tal legitimidade, de uma tal imagem positiva. Contudo, todo o triunfalismo seria inadequado. A China, o país mais povoado do planeta e novo gigante económico, é ainda dirigido por um único partido, o Partido Comunista. E que tipo de democracia se gera realmente no mundo, as eleições não são de maneira nenhuma em todo o lado sinónimos de Estado de direito, de separação de poderes, de protecção das liberdades fundamentais? Na verdade, não é o modelo ocidental que progride, mas o modelo democrático não liberal. O diagnóstico de Fareed Zakaria é justo: se a ideia democrática se impõe cada vez mais no mundo, tal já não é evidente para o liberalismo constitucional.

E amanhã? Um mundo de mercados, de crescimento e de informações fará avançar a causa das liberdades? No que diz respeito às liberdades económicas, a resposta é sim. No que toca às liberdades civis e políticas, poderá ser diferente. Não tiremos, no entanto, conclusões definitivas. Ao fim e ao cabo, foram necessários cerca de dois séculos para que se estabelecessem as democracias liberais consolidadas. Seja qual for a aceleração do tempo histórico, serão necessárias várias gerações antes que se imponham, eventualmente, o Estado de direito, sistemas de freios e de contrapesos ao poder dos governos. Não é menos verdade que os novos processos de individualização e de comunicação, reforçados ainda por um mais alto grau de educação das populações, deveriam favorecer, a longo prazo, o respeito pelas liberdades das pessoas, uma informação mais livre, sistemas de contra poder. A Web interactiva não criará, sem dúvida, a revolução radical (participação massiva, imediata e directa dos cidadãos) evocada por alguns dos seus zeladores; mas a e-democracia poderia abrir a via para um enriquecimento dos governos representativos ao levar melhor em conta as necessidades de todo um conjunto de cidadãos (através de consultas, petições, fóruns abertos), ao permitir a expressão de mais numerosas críticas aos projectos administrativos ou governamentais, ao desenvolver o poder de vigilância da sociedade civil, trazendo ao conhecimento dos decisores públicos novas temáticas sociais.

Por agora, contudo, a realidade é menos ideal: na China, as novas ferramentas de comunicação (Internet) têm favorecido uma informação mais livre e diversa (o que testemunha a nova estratégia de transparência comunicacional do governo chinês por ocasião dos motins que ensanguentaram Ürümqi) sem que tenha havido nenhum sobressalto democrático no que dissesse respeito aos cidadãos. E raras são as democracias não liberais que se transformam em democracias liberais. Nada garante que a democracia à maneira Ocidental seja o termo da história, o seu horizonte inegável. Há toda a razão para pensar, no entanto, que o seu poder de atracção deveria reforçar-se sob a pressão dos vectores da cultura-mundo. As interdependências crescentes e a abertura de novas gerações às democracias ocidentais poderiam contribuir para liberalizar os sistemas, excluindo o Estado de direito. E a longo prazo poderemos pensar um liberalismo económico competitivo sem uma evolução para a democracia pluralista? A liberalização das democracias não é certamente uma lei da História, mas a cultura-mundo trabalha nesse sentido.

Hervé Juvin

Antes de mais, uma constatação: o Ocidente sai da democracia. Da eleição de George W. Bush ao referendo europeu, da criação do delito de opinião à multiplicação das autoridades independentes, como a Halde, cuja missão é mudar o povo, uma vez que o povo não está conforme a ideia que têm os bem pensantes, a pós-democracia está em marcha. A evolução do Partido Socialista Francês, como a do debate político nos Estados Unidos, situa uma evolução que vai do projecto à emoção, das propostas à compaixão, da convicção à sedução. Atenção, pois, ao emprego de palavras que mais ninguém se preocupa em dar ao seu sentido primitivo – a democracia foi revolucionária, a invocação da democracia permite às elites existentes proteger as suas poltronas e as suas rendas contra os desordeiros. Em nome da democracia, no seio da União Europeia, o delito de opinião e o dever de memória coexistem alegremente, a censura das ideias, do debate e dos dados (em matéria de geografia, por exemplo) é rigorosa, e aqui e ali floresceu a ideia que o perigo do sufrágio popular deveria conduzir à limitação do voto, ou a dispensá-lo. Peter Handke convida-nos a banir a noção de povo, Daniel Cohn-Bendit recusou o sufrágio universal, Pierre Rosanvallon foi além da equivalência ingénua entre a expressão de uma maioria e democracia, e as autoridades administrativas independentes florescem para obrigar o povo evoluir contra a sua vontade e ditar-lhe o seu bem; em nome, sem dúvida, de uma democracia superior. Por que razão ir votar, quando o resultado do voto não tem de maneira nenhuma qualquer importância? Os *media* pouco têm a ver com uma saída da democracia que deve tudo à nova heteronomia que os mercados financeiros e o individualismo absoluto que convocam instauram.

Para ir mais depressa, não há democracia sem circunscrição de uma sociedade humana que se fornece de leis num espaço, fechado por uma fronteira, e que distingue os seus dos outros. É a própria condição da autonomia, ou seja, da capacidade desta sociedade propor, debater e adoptar as suas leis, sem que uma instância exterior lhe imponha a sua vontade. E não há certamente democracia sem controlo das trocas, quer dos homens quer dos capitais, o dos bens e dos serviços como o das representações, que asseguram a primazia da sociedade sobre a economia, ao medir o lugar que é dado ao negociante e ao banqueiro, as duas ameaças permanentes à segurança individual e à unidade social, e sobretudo tornam possível a unidade interna pelas mutualizações escolhidas. Encarar assim a democracia, é compreender a que ponto nós vivemos, desde há uma geração ou menos, sob uma nova heteronomia, a dos mercados financeiros, em que ninguém pode dizer que são a expressão de escolhas livres e informadas de cada um dos actores da economia, a que ponto as nossas sociedades sacrificaram a sua autonomia à ilusão do progresso pelo crescimento infinito, sob a égide do novo regime de verdade caracterizado pelo preço de mercado, pelo contrato, pela concorrência e conformidade. A este respeito, a cultura mundializada pelo Ocidente é uma nova forma de totalitarismo económico, cuja devastação aqui ou ali em nome do desenvolvimento testemunham, cuja destruição do mundo cria violência. Totalitarismo caracterizado, como era o totalitarismo estatal do império soviético, pela instauração de um modelo único, o da sociedade por acções, de um julgamento único, o do preço do mercado, de uma medida universal, a do rendimento para o accionista (ROE – *return on equity*). E totalitarismo que acaba de obter um resultado simétrico, vinte anos depois do que provocou a queda do muro de Berlim; a crise que atravessamos é a primeira manifestação de explosão inevitável de um modelo único de financiamento, as próximas virão, sem dúvida, dos novos convertidos à cultura do Ocidente financeiro, da China por exemplo, e suscitarão, mais cedo ou mais tarde, a afirmação violenta da primazia da sociedade sobre o mercado, sobre a economia e sobre aqueles que são os invisíveis mestres. Quem é que não sabe que a Goldman Sachs é, hoje, a primeira potência mundial?

Tiramos como consequência primeira o reinício da história; a democracia tal como a conhecemos não é certamente a última etapa da história política e os regimes pós-democráticos são certamente legítimos, que farão aparecer formas inéditas de regime político. Tiramos, a seguir, como consequência mais prática que diferentes regimes políticos continuam a comparar-se, a concorrer, mesmo a afrontar-se, ainda que todos se reclamem da democracia; as tradições nacionais fazem as diferenças que a teoria política não explica; para se persuadir da permanência das culturas, basta a um europeu procurar compreender como estes estrangeiros, estes seres de um outro mundo que são os americanos, encaram o sistema de saúde...

Tiramos, finalmente, como consequência, que todos os países desejam aprofundar a participação do maior número na decisão política e confirmar a autonomia de decisão do seu povo que já não se pode satisfazer com uma adaptação local de formas democráticas geralmente utilizadas noutros lugares. A aclimatação pode ser, na melhor das hipóteses, inapropriada, ou na pior, destruidora. Trata-se, pelo contrário, que cada país possa determinar a forma de regime que melhor lhe convenha e, para isso, inventá-lo a partir, sem dúvida, de experiências exteriores, mas primeiramente a partir das realidades étnicas, culturais e sociais do seu povo.

O *mundo globalizado é ainda real?*

Vincent Giret – *Gostaria de vos questionar sobre um assunto, do qual os dois já falaram, acerca do desenvolvimento fulgurante da Internet; nunca uma tecnologia foi difundida tão rapidamente. Há, hoje, mais internautas chineses do que americanos. O que se coloca com a Web são duas coisas contraditórias. Por um lado, uma uniformização de formatos, de linguagens, de modos de narração, de narrativas – há modelos em inglês, em árabe, em chinês, em farsi – os vídeos ultra-curtos, uma forte dimensão lúdica, etc. Por outro, assiste-se a uma adaptação das técnicas gerais às redes locais, às línguas e às culturas particulares. Finalmente, estamos ao mesmo tempo em conexão e na «solidão interactiva». Como é que os senhores vêem estas dimensões aparentemente contraditórias?*

Gilles Lipovetsky

É verdade que a era da conexão generalizada é acompanhada por um sentimento de solidão crescente. Contudo, alguns são os sinais que vêm contradizer a tese da «solidão interactiva», de uma existência hipermoderna digitalizada, fechada sobre si, sem relação humana. À medida que se multiplicam as ferramentas de telepresença e de comunicação virtual, novas formas de sociabilidade surgem, os indivíduos procuram estabelecer contactos com os outros, a sentirem-se úteis através do voluntariado ou da vida associativa. Nunca se comunicou tanto a distância, nunca houve tantas associações e tanto voluntariado. A Internet e os *media* separam-nos menos dos outros como também nos abrem o caminho a uma empatia de massas para com os mais pobres, como testemunham os esforços de solidariedade e de generosidade planetários sem precedentes, mesmo que sejam ocasionais. Cada vez mais pessoas combinam dois modos de vida, na rede e fora dela: utilizam a Internet para conhecerem o mundo, para se encontrarem, alargar o seu círculo de relações, encontrar um companheiro. Mesmo que existam fenómenos que tenham a ver com o vício e que podem ameaçar a vida relacional, os indivíduos manifestam uma tendência crescente para conhecer novas pessoas, para organizar saídas com os seus amigos, para participar em grupos de música, em festivais, em festas. Certamente, as antigas sociabilidades de proximidade desagregam-se, mas é em benefício de relações sociais escolhidas e temporárias de acordo com uma cultura de indivíduos que se reconhecem como livres.

Hervé Juvin

A criação de uma atmosfera de irrealidade do mundo é um fenómeno que se amplifica. De uma certa maneira, é absolutamente necessária; o mundo é raro, pequeno, caro e a grande migração que nos espera é a dos pobres no virtual. Saídas, férias, encontros far-se-ão no ecrã. O elogio universal da Internet prepara, aqui, com eficácia, gerações que não têm gosto pela realidade da história, da terra, da carne, da idade. O Ocidente mundializado não é estranho a isto nesta dimensão prometeica; o sonho do homem novo habita-o sempre. A cultura que difunde propõe-se persuadir-nos que cada um de nós é homem de parte nenhuma, que falar de origens, de raízes, de pertença é incorrecto e tabu. Ela participa neste estado de apercepção social que caracteriza as gerações jovens e aqueles que lhes querem agradar, indefinidamente capazes de enumerar os direitos, mas radicalmente incapazes de se interrogar sobre o que se torna os seus direitos efectivos, e que é a história, o sacrifício dos que combateram e trabalharam para que estes direitos se exerçam para as suas crianças e para os seus, assim como distinguir a cultura particular que dá um sentido a estes direitos. Esta perda da realidade é particularmente sensível e inquietante no domínio da economia. Sob a cobertura da livre troca e da liberalização planetária, o preço do mercado, o movimento da Bolsa e da ROE têm totalmente substituído toda a apreciação profissional, todo o julgamento de utilidade e toda a medida real dos produtos ou dos serviços de uma empresa. Conta-se os carros produzidos, os apartamentos construídos, os iogurtes nas prateleiras;

agora, preço, movimento e dividendos é a única coisa que interessa, e a banalização das empresas é ditada pela finança de mercado. O que conta é tudo o que conta. O divórcio entre a actividade económica e a sua utilidade, cujos rendimentos dos bancos são emblemáticos, confronta-nos com o artifício das convenções liberais, com a manipulação permanente dos preços e com os movimentos dos intermediários interessados, definitivamente com saída da mundialização financeira que se anuncia e que é uma condição de regresso ao real.

O capitalismo tecnológico e os limites do planeta

Francis Rousseau – *A mundialização não me parece trazer a marca do Ocidente. Aparentemente, decerto, é o caso; mas isto esconde, parece-me, um processo mais profundo que anuncia agrupamentos conflituais sobre novos valores e sobre novas identidades. De aparência ocidental, a globalização pode ser, talvez, o toque a finados do Ocidente, a sua marginalização tanto política e económica como cultural. Esta conflitualidade parece-me inevitável, muito simplesmente porque os seres humanos serão mais numerosos num planeta muito pequeno onde a rarefacção se perfila.*

Gilles Lipovetsky

Penso que é necessário evitar falar de «marginalização» do Ocidente. O que é verdade é que, num universo tornado policêntrico, o Ocidente deixou de deter o monopólio da modernidade económica, política e tecnocientífica: é muito diferente. Por um lado, desde Malthus, não faltam por aí Cassandras que anunciam a impossibilidade do planeta para assegurar a satisfação de uma população cada vez mais numerosa. Em 2050, dissemos, cerca de três mil milhões de indivíduos serão tocados pela falta de água. Será isto verdade? Devo dizer que não sou convencido por este tipo de argumentação que subestima os potenciais da inteligência racional e da inovação tecnocientífica. Ainda não sabemos nada de tudo o que a tecnociência será capaz de inventar no futuro. Quem poderia prever no século XIX que se poderia alimentar cerca de cinco mil milhões de pessoas um século mais tarde? E se as energias fósseis são limitadas, isso já não é evidente para as energias renováveis. Se as medidas de economia da energia são úteis e necessárias para fazer face aos limites dos nossos recursos naturais, as medidas políticas a favor da educação, do saber, das ciências são ainda mais. Para enfrentar o desafio dos 9,5 mil milhões de seres humanos previstos para meados deste século, há menos a esperar por uma pouco provável frugalidade do que pelo investimento na inteligência científica e tecnológica. Não é o número de homens na terra que é, por agora, o problema crucial – a taxa de fecundidade foi quase dividida por dois em cinquenta anos – é a produção e a distribuição desigual das riquezas. Quanto aos conflitos que emergem hoje nos países do Sul, são mais frequentes as guerras intra-nacionais do que guerras externas e eles já não encontram a sua fonte tanto nas ideologias ou nos confrontos culturais, como nos limites físicos do planeta. Quem é que não vê que o terrorismo internacional tem muito pouca relação directa com o fenómeno da raridade?

Hervé Juvin

A mundialização, ou seja, a difusão mundial do sistema do mercado e do modelo de crescimento infinito, é a lógica da guerra de todos contra todos pelos últimos recursos. Seja por apropriação do que pertence aos outros, seja por invasão de territórios ricos em recursos, estamos à beira de conflitos legítimos entre os que apenas querem sobreviver. Este cenário é o regresso da mobilização forçada dos recursos do mundo pelo banqueiro e pelo negociante ocidental, à qual a descolonização deu um impulso inesperado; não esqueçamos que o princípio de excepção cultural foi adoptado nas Nações Unidas contra a vontade de dois países, os Estados Unidos e Israel! O efeito inesperado do desenvolvimento industrial, das novas tecnologias e da sua difusão tão rápida, é a de meter progressivamente as massas em relação com a potência. E é o ponto de inflexão. Vai ser bem necessário pensar o que seria um universal chinês, um universal indiano, etc., porque vamos ser confrontados com isto. Depressa. E fortemente. E vai ser sobretudo necessário imaginar como vamos ser responsáveis das promessas que fizemos, através das nossas incitações ao desenvolvimento, através dos nossos sermões democráticos e humanitários, etc. Porque estas promessas não serão realizadas. Porque não há qualquer dúvida acerca disto, a curto prazo, ou seja, para os próximos cinco ou dez anos, o muro de raridades está perante o crescimento da China, da Índia e de tantos outros, e este muro só será ultrapassado pacificamente por revoluções energéticas, verdes, etc., que levarão o seu tempo a desenvolver-se – o risco é que seja ultrapassado pelo afrontamento e pela acumulação de recursos pelos mais fortes. É o cenário do embargo americano ao petróleo e ao gás iraniano, é também, e sobretudo, o cenário da colonização chinesa de África e de uma mobilização extraordinariamente brutal e destruidora de todas as riquezas de países à deriva – a China compreendeu que devia parar com a destruição do seu património natural, domiciliário, ela está, portanto, comprometida numa corrida ofegante em busca de garantias por todo o lado. Neste domínio ainda, convém ser optimista a prazo – sim, nós saberemos produzir um mundo são, benevolente, amigo – e prudente a curto prazo – todas as razões de afrontamento pelos últimos recursos existem.

O Ocidente terá o monopólio da cultura-mundo?

Pierre-Henri Tavoillot – *Será que «mundialização» significa forçosamente ocidentalização do mundo? Por outras palavras, será a globalização um processo que se deverá impor do exterior às sociedades tradicionais?*

Gilles Lipovetsky

A primeira mundialização foi caracterizada por uma ocidentalização forçada, imposta pelo exterior através das operações militares, das conquistas territoriais, de uma administração colonial. Não é tão evidente com a cultura-mundo, a qual exerce um poder de atracção por si mesma, seja qual for, de resto, a hostilidade que ela gera. A ciência, o *high-tech*, o consumismo, os *media*, os direitos do homem, todos estes núcleos da cultura-mundo não se propagam por imposição ocidental e americana em particular: nas sociedades largamente destradicionalizadas e individualizadas, possuem um valor intrínseco; representam mais uma esperança por uma melhor vida e um sonho de futuro do que um domínio europeu-americano. Quem é que não vê que não há outras vias construtivas? Qual é a população que não aspira aos bens da sociedade de consumo, à elevação do nível de vida? Para além da secreta violência que comportam os dispositivos de modernização e a «ditadura dos mercados», a cultura-mundo detém um formidável poder de sedução ou de fascinação universal. E o ódio do Ocidente americano não separa do desejo de entrar de pleno direito na dinâmica da modernização. Esta atracção é tanto mais forte que não prescreve a erradicação de todas as diferenças culturais. Não são dos conteúdos culturais do Ocidente que o resto do mundo se quer apropriar, são das ferramentas universais que colocou ao dispor com sucesso e que permitem, apesar de tudo, de continuar a ser o que é.

Hervé Juvin

Será que chegaremos a um acordo para concluir? O Gilles tem razão ao observar a formidável ambivalência dos movimentos amor-ódio actualmente engrenados. A ambivalência dos meios e das técnicas não está demonstrada. A pá que cultiva o jardim pode matar. O Ocidente que desencadeou a cultura-mundo e a mundialização económica tem prestígio perante os monstros que alimenta. É porque o período que abre a saída da crise é apaixonante;

o que irão fazer a China, a Índia, o Brasil, a Indonésia, todos estes países que mal sentiram passar a crise, que acedem ao grau de potências mundiais, às ferramentas que lhes foram impostas, de que se apropriaram pouco a pouco, e que vão transformar segundo o seu interesse e o seu génio próprios? Há incógnitas formidáveis, riscos certos, mas um interesse imenso. Devemos mudar muito rapidamente as nossas representações do mundo, redescobrir a geografia e reaprender a história. Devemos brutalmente aceitar o que as empresas mundiais, de Wal-Mart à Danone, sabem tão bem: um cliente em São Paulo não é um cliente em Hanói que não é um cliente em Pézenas que não é um cliente em Maputo. E perante a história que se põe de novo em marcha, perante os desvios que voltam a pôr no seu lugar distâncias e fronteiras que recriam o interesse e o sabor do mundo, vamos voltar ao velho debate da escola de Mileto e dos pré-socráticos, à interrogação sobre o mesmo e o outro, o Um e o múltiplo, à medida que o espectro da unidade do mundo se afastará numa esteira de pena e alegria mescladas.

Participantes na discussão:

Vincent Giret é director da redacção do France 24.
Francis Rousseau é presidente do Eurogroup e do Eurogroup Consulting Alliance.
Eric Deschavanne é secretário-geral do Collège de Philosophie.

Índice

Prefácio 7

O Reino da Hipercultura:
Cosmopolitismo e Civilização Ocidental 13

Cultura e Mundialização 113

Debate 193